Jerome K. Jerome

Fanny et ses gens

Théâtre

 Le code de la propriété intellectuelle du 1er juillet 1992 interdit en effet expressément la photocopie à usage collectif sans autorisation des ayants droit. Or, cette pratique s'est généralisée dans les établissements d'enseignement supérieur, provoquant une baisse brutale des achats de livres et de revues, au point que la possibilité même pour les auteurs de créer des œuvres nouvelles et de les faire éditer correctement est aujourd'hui menacée. En application de la loi du 11 mars 1957, il est interdit de reproduire intégralement ou partiellement le présent ouvrage, sur quelque support que ce soit, sans autorisation de l'Éditeur ou du Centre Français d'Exploitation du Droit de Copie , 20, rue Grands Augustins, 75006 Paris.

ISBN : 978-3-96787-595-9

10 9 8 7 6 5 4 3 2 1

Jerome K. Jerome

Fanny et ses gens

Théâtre

Table de Matières

PERSONNAGES	7
ACTE PREMIER	7
ACTE II	28
ACTE III	66

Pièce en trois actes.
Traduite et adaptée de l'anglais par Andrée MÉRY
et Pierre SCIZE.

Fanny et ses gens *a été représenté, pour la première fois, le 27 avril 1927, au théâtre Daunou.*

PERSONNAGES

Martin Bennett	MM.	Constant Rémy.
George P. Newte		Paul Amiot.
Vernon Wethrell		Fernand Gravey.
Docteur Freemantle		Lucien Dayle.
Thomas		Jean Hubert.
Fanny	Mmes	Jane Renouardt.
Miss Wethrell, cadette		Jeanne Fusier-Gir.
Miss Wethrell, aînée		Berthe Fusier.
Madame Bennett		Meg Degaral.
Honoria		Geneviève Valois.

Les cinq dancing girls du numéro « Notre Empire » :
Angleterre, Mlle Tamary. — Irlande, Mlle Lucie Joussy.
Australie, Mlle Christiane Deyrlord. — Archipel malais, Mlle Suzanne Blanchet.
Canada, Mlle Mado Marsan.

La scène est à Bantock Hall, Rutlandshire.

ACTE PREMIER

Le boudoir de Fanny, belle pièce fort claire, meublée et décorée d'un assez pur Louis XIV. Une large baie à droite. Portes à droite conduisant aux appartements de lady Bantock. Somptueuse cheminée. Feu de bois. En bonne place, on a suspendu le portrait de Constance, première lady Bantock, par Hopner. Meubles cossus, mais simples, français, sauf le piano. Un grand bureau, une table ronde, quantité

de sièges confortables. Un canapé, un paravent, au coin de la cheminée. Beaucoup de fleurs. Atmosphère puritaine, mais aimable.
Le crépuscule, au dehors, d'un beau jour de printemps.

En scène, LES MISSES WETHRELL *aînée et cadette.*

Ce sont de douces vieilles filles malaisément distinguées l'une de l'autre, qui seraient un peu ridicules si elles n'étaient charmantes. La pendule sonne six coups.

L'Aînée. — Quel joli coucher de soleil ! chérie.

La Cadette, *arrangeant des fleurs, après un regard à la fenêtre.* — Splendide. *(Un silence.)* Chérie ? *(Un temps.)* Vous ne craignez pas… je veux dire… il ne vous semble pas que cette pièce soit trop claire pour son goût ?

L'Aînée. — Trop claire ? Comment cela ?

La Cadette. — Pour… pour son teint, n'est-ce pas ? Certaines jeunes dames, parfois…

L'Aînée. — Mais, chère… *(Comprenant)* Oh ! vous voulez dire, vous pensez que, peut-être, elle…

Geste vers son visage.

La Cadette. — Je crains… En général, vous savez, les femmes dans sa profession…

L'Aînée. — Cela me paraît si coupable… Peindre l'œuvre du Créateur !

La Cadette. — Nous ne devons pas juger sévèrement, chérie. D'ailleurs, ce sont des suppositions…

L'Aînée, *un petit cri de joie.* — Mais oui, peut-être qu'elle est jeune, très jeune ! Et dans ce cas elle… n'a peut-être pas encore commencé à…

Geste comme plus haut.

La Cadette. — Il n'a jamais fait la moindre allusion à son âge.

L'Aînée. — C'est vrai… Mais je sens qu'elle est jeune.

La Cadette. — Il serait tellement plus facile de la former !

L'Aînée. — Il faudra être très bonnes.

La Cadette. — Tâcher de la comprendre, surtout. *(Sur le ton dont on fait une découverte soudaine.)* Qui sait ? Nous arriverons peut-être à l'aimer…

L'Aînée, *dubitative*. — Nous pourrons tout au moins essayer, chérie.

La Cadette. — Pour le cher Vernon. Pauvre petit, il semble tellement épris…

Entre Martin Bennett : c'est le maître d'hôtel idéal.

Bennett. — Le docteur Freemantle. Je l'ai fait entrer dans la bibliothèque.

Bennett va vers le feu et l'arrange.

La Cadette. — Bennett, voulez-vous lui dire de monter jusqu'ici ? Nous le consulterons au sujet de cette pièce. Il a tant de connaissances sur toutes choses !

Bennett va pour sortir.

La Cadette. — Ah ! Bennett, vous voudrez bien rappeler à Charles qu'il faut une chaufferette dans la voiture qui ira à la gare.

Bennett. — J'y veillerai moi-même.

La Cadette. — Merci, Bennett. *(Bennett sort.)* On a fréquemment les pieds froids après un long voyage. C'est une chose si désagréable…

L'Aînée, *avec conviction*. — Oui…

La Cadette. — Chérie, je voudrais connaître ses fleurs préférées. Être accueillie par les fleurs qu'on aime, c'est si doux !

L'Aînée. — Je pense que les lis…

La Cadette. — N'est-ce pas ? C'est tellement indiqué pour une jeune mariée.

Le Docteur, un petit homme rond, jovial, souriant et alerte, entre, introduit par Bennett. Il serre la main aux Misses.

Le Docteur. — Alors ? Comment allons-nous cet après-midi, chères demoiselles ?

Il tâte le pouls de la Cadette.

La Cadette *désigne sa sœur*. — Elle a mieux dormi cette nuit.

Le Docteur tapote les mains de l'Aînée.

L'Aînée, *désignant sa sœur*. — Elle a mangé de très bon appétit ce matin.

Le Docteur, *souriant, aux deux ensemble.* — Parfait ! Parfait ! Tout cela : de l'agitation nerveuse causée par cette appréhension du mariage de Vernon... Oh ! légitime, du reste...

Les Misses. — N'est-ce pas, docteur ?

Le Docteur. — Légitime... *(Un sourire.)* et si inutile, hein ? S'opposer à l'inévitable ! Souvenez-vous de mon remède : une page de Marc-Aurèle tous les matins avant le déjeuner...

La Cadette. — Marc-Aurèle est de bon conseil, docteur. Mais, en vérité, ce fut si soudain !...

Le Docteur. — L'inattendu ! Eh ! oui, cela surprend, bouleverse. Mais nous devons prendre le dessus, faire contre mauvaise fortune bon cœur, comme de bonnes, chères, braves demoiselles. *(Elles sont très émues.)* Quand les attendez-vous ?

L'Aînée. — Ce soir, par le train de huit heures. Nous avons reçu une dépêche de Douvres, ce matin.

Le Docteur. — Et cet appartement sera le sien ? Voyons un peu. *(Il va au portrait de lady Bantock.)* La noble, la célèbre Constance ! Je ne revois jamais la toile du vieil Hopner sans émotion. Une maîtresse femme et une grande dame. L'amie, la confidente de Pitt ! *(Un temps.)* Elle... elle demeurera là ? *(Signe affirmatif des deux sœurs.)* Oui... toujours présente pour rappeler à cette nouvelle venue les hautes traditions familiales. Très brillante idée, réellement.

Elles sourient avec satisfaction.

L'Aînée. — Et vous ne craignez pas... c'est ce que nous voulions vous demander, vous ne craignez pas qu'elle trouve l'éclairage de cette pièce un peu... brutal ?

La Cadette. — Les actrices... si, du moins, ce qu'on dit est vrai...

Le Docteur. — On exagère, chères demoiselles. On exagère beaucoup. *(Il s'assied dans un grand fauteuil. Les Misses sur le canapé.)* Tenez, je vais vous dire à quoi vous pouvez vous attendre : une jeune femme... plus tout à fait jeune... enfin, une femme un peu plus âgée que lord Bantock, je suppose...

L'Aînée. — Pourquoi ?

Le Docteur. — L'usage le veut... Une exquise silhouette d'une élégance un peu...

La Cadette, *apeurée*. — Choquante !

Le Docteur. — Non, non !... Coûteuse. C'est le mot. Les cheveux un peu trop blonds, peut-être...

L'Aînée. — Ah !

Le Docteur. — L'habitude... Un peu trop courts peut-être aussi...

La Cadette. — Oh !

Le Docteur. — La mode... Tout cela sera facilement ramené à des proportions raisonnables.

Les deux Sœurs, *ensemble*. — N'est-ce pas ?

Le Docteur. — Mais, voyons ! Puis il y a le physique. C'est une chose qui a son importance. Des traits piquants, des yeux fort expressifs et dont on doit connaître diablement bien le maniement et le pouvoir...

L'Aînée, *émerveillée*. — Que ce doit être difficile !

Le Docteur. — Un sourire adorable et... permanent, découvrant des dents sans reproche. Et, par-dessus tout : *elle est adroite*. C'est notre planche de salut. Elle est très adroite ! Elle saura s'adapter à sa position nouvelle.

La Cadette. — Il faut en effet qu'elle soit fort habile pour avoir obtenu la place qu'elle occupe. Vernon dit qu'elle a fait courir tout Paris cet hiver !

L'Aînée, *sentencieuse*. — Et le sens critique des Français est bien connu.

Le Docteur. — Je faisais surtout allusion à l'habileté qu'elle a dû déployer pour chambrer ainsi notre Vernon, qui n'est pas un naïf.

L'Aînée. — Soyons justes ! Je crois qu'elle était vraiment très éprise de lui.

Le Docteur. — Parbleu ! Je le crois bien aisément. En général, voyez-vous, chères demoiselles, les chanteuses de music-hall sont assez facilement « très éprises » d'un lord anglais.

Il rit, enfoncé dans son fauteuil.

L'Aînée. — Mais elle ne savait pas qu'il était lord !

Le Docteur, *se remettant d'un coup au bord de son siège.* — Elle ne savait pas ?

La Cadette. — Non ! C'est si romanesque ! Elle l'a épousé croyant devenir la femme d'un artiste peintre peu connu : M. Wethrell.

Le Docteur, *éberlué.* — D'où tenez-vous ça ?

L'Aînée. — De Vernon lui-même. Vous avez sa lettre, Édith ? *(Fouillant dans son sac.)* Non ! C'est moi qui l'ai.

La Cadette. — Il compte le lui apprendre ce soir en arrivant. Quelle surprise ! *(Elle rit.)*

L'Aînée. — Oui ! *(Lisant la lettre.)* J'ai résolu de ne rien lui dire avant d'être près de vous. Nous nous sommes mariés très simplement et elle ne voit en moi que James Vernon Wethrell, artiste peintre, et son compatriote. La chère petite n'a même jamais cherché à savoir si j'étais riche ou pauvre. N'est-ce pas touchant ?

La Cadette. — Tellement… tellement romanesque !

Le Docteur. — Vous voudriez me faire croire… *(Il se lève et marche de long en large.)* Après tout, c'est possible.

L'Aînée. — Vous voyez qu'elle ne ressemble pas aux autres chanteuses de music-hall !

Le Docteur, *énergique.* — Ça ! Aucun doute !

La Cadette. — Puis elle sort d'une excellente famille.

Le Docteur. — Par-dessus le marché !

La Cadette. — Un de ses oncles est évêque.

Le Docteur. — Évêque ? Où cela ?

L'Aînée, *lisant.* — Vernon ne sait pas comment le mot s'écrit : quelque part en Nouvelle-Zélande.

Le Docteur. — En Nouvelle… Ils ont aussi des évêques par là ?

La Cadette. — Il faut croire.

L'Aînée. — Quant à son cousin : un juge…

Le Docteur. — En Nouvelle-Zélande ?

L'Aînée, *consultant la lettre.* — Non… en Ohio…

Le Docteur. — Ça me fait l'effet d'une famille… hem !… un peu… éparpillée, hein ?

La Cadette. — On se déplace si aisément de nos jours ! *(Entre Mrs Bennett, la femme de charge. Elle va pour parler aux Misses*

Wethrell, quand elle aperçoit le Docteur.)

Mrs Bennett. — Bonjour, monsieur le docteur.

Le Docteur. — Bonjour, mistress Bennett.

Mrs Bennett, *montre en main, aux Misses*. — J'ai pensé — il est six heures et demie — qu'il était temps d'allumer le feu dans la chambre de Milady.

L'Aînée. — Vous pensez à tout, mistress Bennett. La pauvre petite sera sans doute fatiguée.

Mrs Bennett. — Tout sera prêt.

Elle sort comme elle est entrée, silencieusement.

Le Docteur. — Et… la tribu des Bennett ? Que pense-t-elle de ça ? Vous leur avez dit ?

L'Aînée. — Ou…i.

La Cadette. — Nous avons pensé que c'était préférable. Nous les considérons à peine comme des domestiques. Ils sont dans la famille depuis si longtemps ! Trois générations !

L'Aînée. — En vérité, depuis la mort de notre pauvre frère, Bennett a été bien plus le chef de cette maison que son maître d'hôtel…

La Cadette. — Sur le mariage, il a… enfin, plutôt, il n'a guère fait connaître son opinion.

Le Docteur. — C'est un homme réservé…

L'Aînée. — Je crois que c'est surtout le fait qu'*elle* soit montée sur les planches qu'ils ressentent si vivement.

La Cadette. — C'est une famille très religieuse !

L'Aînée. — Je ne serais pas étonnée s'ils en étaient plus atteints que nous-mêmes. Tenez : hier, à la lingerie, j'ai surpris Peggy qui en pleurait !

Le Docteur, *qui a bien envie de rire*. — Peggy Bennett ?

La Cadette. — Oui ! La fille de Charles Bennett.

Le Docteur. — Une question, chère demoiselle… Croyez-vous, vous semble-t-il… enfin, avez-vous souvenance d'avoir vu ici un domestique qui ne soit pas un Bennett ?

La Cadette. — Non ! Je ne crois pas que le cas se soit jamais présenté… Ah ! si, attendez… il me semble, en ce moment même…

cette fille que Mrs Bennett a engagée récemment pour la laiterie. Comment s'appelle-t-elle ?

L'Aînée. — Arnold.

La Cadette. — C'est cela, Arnold. *(Triomphante, au Docteur.)* Vous voyez ? *(Le Docteur s'incline.)*

L'Aînée. — Mais… je crois que c'est tout de même une arrière-cousine à eux. *(Le Docteur rit.)*

La Cadette. — Par alliance… Seulement par alliance, chérie.

Le Docteur. — Oui… Eh bien, moi, chères dames, à votre place, je conseillerais à tous les Bennett de se faire une raison… Oui, enfin… de ne pas se frapper… de sécher leurs larmes… D'autant que, d'après tout ce que vous m'en dites, Vernon s'apprête à leur amener une épouse modèle, fort capable d'édifier une si vertueuse famille. *(Il serre la main aux deux Dames.)* Je passerai sans doute demain pour voir où nous en sommes. Rappelez-vous mon ordonnance : une page de Marc-Aurèle avant le déjeuner, en cas de besoin… À demain, chères demoiselles.

Il sort. Le jour décline.

L'Aînée. — Cher docteur ! Il vous remet d'aplomb en trois minutes.

La Cadette. — Il a tant de vie en lui ! *(Mrs Bennett entre, laissant la porte ouverte. On entend des coups de marteau qui cessent aussitôt.)* Oh ! mistress Bennett, nous voulions vous demander qui sera la femme de chambre de la jeune lady Bantock. L'avez-vous décidé ?

Mrs Bennett. — Je suis arrivée, après avoir mûrement pesé chaque chose, à cette conclusion : Honoria.

La Cadette, *elle regarde sa sœur.* — Honoria ?

Mrs Bennett. — Ce serait le choix idéal.

L'Aînée. — Mais n'est-elle pas bien jeune ? Connaît-elle suffisamment le service ?

Mrs Bennett. — J'estime qu'une première femme de chambre, toujours dans la compagnie de sa maîtresse, possède infailliblement une influence prépondérante sur l'esprit de celle-ci.

La Cadette, *naïve.* — Vraiment ?

Mrs Bennett. — Je le crois. Or, Honoria — et mon choix s'explique par là — Honoria a reçu une éducation excellente, elle a des principes exceptionnellement élevés !

La Cadette. — C'est un fait !

Mrs Bennett. — Quant au service... Elle s'y adaptera rapidement et de façon irréprochable... D'ailleurs, dans les premiers temps, je pourrai...

Le son du marteau se fait entendre.

L'Aînée. — Quel est ce bruit dans la chambre de lady Bantock ?

Mrs Bennett. — C'est un bruit de marteau, miss Édith...

L'Aînée. — Ah ! C'est ce qu'il me semblait...

Mrs Bennett. — C'est Bennett qui le fait. Il suspend au mur quelques fragments de textes de l'Écriture. Nous avons pensé qu'il serait salutaire que notre Lady ait constamment sous les yeux un haut enseignement.

Les Misses, *inquiètes*. — Mais ces citations...

Mrs Bennett. — Oh ! rien d'agressif. Des exhortations très générales et qui pourraient être lues, j'en assure miss Édith, par n'importe quelle lady... *(Elle insiste.)* N'importe quelle lady... *(Les Misses se regardent sans répondre.)* Le dîner ?

La Cadette *sursaute*. — Ah ! oui...

Mrs Bennett. — À sept heures, comme d'habitude, naturellement.

L'Aînée. — Oui, mistress Bennett. Merci. Ils ne seront pas ici avant neuf heures. Ils préféreront sans doute dîner tête à tête.

Sort Mrs Bennett. Les deux demoiselles se regardent en silence. Le marteau reprend son bruit.

La Cadette, *du ton dont on prend une résolution désespérée*. — Ah ! tant pis ! *(Elle va à la porte et appelle.)* Bennett ! Bennett ! *(Le marteau cesse. Un temps. Bennett entre.)* Ah ! Bennett... votre femme nous apprend que vous clouez quelques textes aux murs de la chambre de lady Bantock...

Bennett, *glacial*. — Il m'a semblé qu'une grande voix silencieuse s'élevant, en quelque sorte, de la muraille...

La Cadette. — Oh ! c'est une très jolie idée...

L'Aînée. — Très haute...

La Cadette, *priant*. — Seulement, vous voudrez bien faire attention, Bennett, qu'aucune de ces sentences, de ces... exhortations ne prenne la forme d'une allusion personnelle, n'est-ce pas ?

Bennett. — J'ai dû en rejeter un grand nombre, parmi les plus justement populaires, à cause de cela précisément.

L'Aînée, *soulagée*. — Ah ! j'étais sûre de votre délicatesse.

La Cadette. — Parce que, vous comprenez, Bennett, que, sortant d'une excellente famille...

L'Aînée. — Car sa famille est excellente, ne l'oubliez pas !

Bennett. — Le Ciel me garde de l'oublier, miss Édith. C'est en ce point que je puise mes plus fortes raisons d'espérer et où je trouve l'assurance — les misses Wethrell voudront bien remarquer que je parle en mon propre nom — que je n'aurai pas à trop en rougir...

Un temps. Les Misses se regardent, un peu découragées.

L'Aînée. — Nous devons être très bons...

La Cadette. — Et patients, Bennett ! Et patients !

Bennett. — C'est très exactement ce que je me dispose à être. Il va sans dire que si ces demoiselles objectent quelque chose aux textes saints, je puis les enlever.

La Cadette. — Non ! Oh ! non, Bennett. Il faut les laisser. C'est une charmante pensée.

Bennett, *sûr de lui*. — Il m'a paru qu'en l'occurrence, rien ne devait être laissé au hasard...

Il sort en fermant soigneusement la porte.

La Cadette, *ingénument, angéliquement*. — J'espère qu'elle aimera les Bennett.

L'Aînée, *rassurante*. — Je pense qu'elle y arrivera — après un peu de temps — quand elle y sera accoutumée...

La Cadette. — Je voudrais tant que tout se passât bien !

L'Aînée. — Confiance, chérie ! Ce doit être une bonne femme. Vernon l'aurait-il aimée s'il en avait été autrement ? *(Fanny et Vernon entrent et se cachent derrière le paravent. Le jour a baissé. C'est le feu de la haute cheminée qui éclaire la pièce. Un temps.)* Vous souvient-il, chère, combien notre Vernon, tout petit, aimait à jouer avec vos cheveux ? *(La Cadette rit.)* Que je vous confesse un péché : j'ai toujours envié vos cheveux.

La Cadette. — Il nous chérissait tendrement toutes deux. Rappelez-vous le jour — il relevait de sa rougeole — où il a tant pleuré pour que nous lui donnions son bain nous-mêmes, à la place des Bennett ? Chérie, j'ai encore le remords de lui avoir refusé.

L'Aînée. — C'était déjà un bien grand garçon, Édith.

La Cadette. — Oui... mais son état de convalescent aurait dû nous faire fléchir ce jour-là, chérie. *(La chambre est devenue très obscure. Les Misses, soudain, ont la perception que quelqu'un est entré.)* Qui est là ?

Vernon, *riant et ému.* — *All right !* tantes. Ce n'est que moi. *(Trois pas : il est dans leurs bras.)*

L'Aînée. — Vernon !

La Cadette. — Mon petit !

L'Aînée. — Nous ne vous attendions pas si tôt !

La Cadette. — Et votre femme, Vernon ?

Vernon. — Elle est ici, chères tantes.

Les Misses, *ensemble, saisies.* — Ici ?

Dans le silence qui s'est fait, on entend derrière le paravent monter le rire très frais de Fanny.

Vernon. — Donnons un peu de lumière. *(Bas, aux Misses.)* Pas un mot, elle ne sait encore rien.

Il va tourner le commutateur du lustre. Fanny est sortie de derrière le paravent. Elle est délicieuse. Vernon la regarde avec admiration. Un silence.

Fanny, *aux Misses.* — Je serais si contente si vous vouliez bien m'aimer !

Tous sourient.

L'Aînée. — Il me paraît que ça ne sera pas difficile, chère petite.

La Cadette. — C'est si simple d'aimer la jeunesse et la beauté !

Fanny, *riant.* — Vernon ! Ça n'a pas l'air d'aller trop mal, n'est-ce pas ? *(Vernon rit. Les Misses rient. Tous embrassent Fanny.)* Oh ! je suis contente que vous me trouviez jolie. Ce n'est pas vrai, vous savez. Je n'ai qu'un petit charme qui fait illusion.

La Cadette. — Nous avions un peu peur... Quelquefois, les très jeunes gens s'éprennent de femmes beaucoup plus âgées qu'eux...

L'Aînée. — Surtout quand ce sont des femmes...

Elle s'arrête, confuse.

La Cadette. — Alors, n'est-ce pas, nous sommes si soulagées de voir que vous êtes...

L'Aînée. — Oui... que vous êtes... comme vous êtes et...

Fanny. — Vous aviez raison, chéri. Elles sont adorables ! Dites-moi ?

Vernon. — Quoi donc, petit oiseau ?

Fanny, *montrant les Misses.* — Comment fait-on pour les distinguer l'une de l'autre ?

Vernon. — Chérie, je n'ai jamais été capable de le faire très exactement moi-même.

La Cadette. — Oh ! moi qui croyais que j'étais votre préférée !

Vernon. — Mais vous l'êtes, tante Alice !

La Cadette, *riant.* — Ah ! non ! Alice, c'est elle. Moi, c'est Édith...

Vernon fait un geste de désespoir. Tout le monde rit.

Fanny. — Je vous habillerai de couleurs différentes. Vous en blanc... Vous en rose... Ce sera si gai !

Vernon. — Et pratique ! Et pratique !

Fanny. — C'est le salon, ici ?

Vernon. — C'est votre appartement, Fanny.

Fanny. — J'ai toujours aimé les pièces où l'on peut se dégourdir les jambes. *(Elle esquisse deux pas de blues qui la mènent devant un bureau monumental.)* Mais je n'aurai pas besoin d'un bureau si grand !

L'Aînée. — C'est un bureau où le célèbre Pitt a travaillé à la grandeur de l'Angleterre.

Fanny. — Pitt... Seigneur ! Il m'intimide. Vernon, nous lui trouverons une petite place... une grande petite place quelque part dans la maison. Voici un beau tableau.

La Cadette. — Il est signé Hopner.

Fanny, *à Vernon.* — Un copain à vous ?

Vernon. — Ma chérie ! C'est le portrait de la mère de ma

grand'mère...

FANNY. — Attendez ! La mère de votre... Bon, j'y suis...

VERNON. — D'après nature !

FANNY, *après avoir sifflé.* — Je suis affreusement ignorante, hein ? Mais il ne faut pas désespérer de moi. J'apprends très vite. *(Elle regarde le portrait.)* Elle n'était pas mal, vous savez...

L'Aînée. — Nous en sommes fières. Ce fut la première...

VERNON, *la coupant.* — Tante chérie, une autre fois, l'histoire de Constance, une autre fois, nous avons le temps.

LA CADETTE. — Mais oui. La chère petite est lasse. Un peu de thé vous ferait du bien, ma chérie ?

FANNY. — Non ! Merci. Nous l'avons pris dans le train.

Aidée par Vernon, elle enlève son manteau.

LA CADETTE. — Nous ne vous attendions pas avant ce soir... Votre dépêche...

VERNON. — Il pleuvait à Londres. Nous avons préféré venir ici directement, remettant à un autre jour les visites aux magasins.

FANNY. — Une pluie qui vous aura sauvé de la ruine, Vernon.

L'Aînée. — Alors, vous êtes venue de la gare à pied ?

FANNY. — Mais oui, à pied.

LA CADETTE. — Quel long chemin !

FANNY. — Vernon tenait mon bras sous le sien. Le soleil était derrière les collines. Les grands arbres mouillés pleuraient. Quel court chemin !

Vernon l'embrasse.

L'Aînée. — Je vais sonner pour que...

VERNON, *l'arrêtant.* — Oh ! non ! Nous avons le temps de les voir tous... Causons un peu. *(Il fait asseoir ses tantes sur le canapé et passe son bras autour du cou de Fanny.)* Tantes ! Que dites-vous de ma découverte ? Hem ? Quel flair ! Je suis un as, voilà. On ne le savait pas. Je suis sûr qu'on me traitait d'idiot, par ici, avant d'avoir vu. *(Il rit.)* Vous avez reçu toutes mes lettres ?

LA CADETTE. — Il me semble.

FANNY. — Oh ! Vernon ! Savez-vous que je n'ai pas reçu une seule lettre d'amour de vous ?

Vernon. — Pas eu le temps, Fan ! On s'est connu il y a un mois. On s'est marié il y a cinq jours.

Fanny. — Service rapide. Il vint. Il vit. Je vainquis.

L'Aînée. — On dit… que ces amours subites sont les plus durables.

Fanny. — Vous verrez ça !

Vernon. — Vous ne regretterez jamais rien, chérie ?

Fanny. — Regretter ?

Vernon. — Le théâtre… Les émotions.

Fanny. — Vernon, savez-vous à quoi ça ressemble, la vie d'une actrice ? À une danse gracieuse exécutée sur une corde raide tendue au-dessus d'un abîme. Et tout autour, pendant ce temps, un auditoire sympathique et enivré s'amuse à jeter des pierres à la danseuse. Oh ! c'est original, comme sensation. Mais comme on s'en blase vite, si vous saviez !

Vernon. — Je suis heureux que vous le disiez.

Fanny. — Mais je n'ai jamais été éprise du théâtre. Il me fallait gagner ma vie. Voilà tout.

La Cadette. — Ce doit être une existence bien dure pour une femme.

L'Aînée. — Surtout quand rien ne vous y destinait.

Fanny. — J'avais une bonne voix et certains dons naturels. C'est ce qui m'a permis d'essayer…

L'Aînée. — Il est probable que votre famille a fait ce qu'elle a pu pour vous en empêcher.

Fanny. — Ma famille ? Je n'ai pas de famille.

Bennett entre.

L'Aînée. — Comment cela ?

Fanny. — Mais non. Je n'ai ni frère, ni sœur et j'ai perdu mon père et ma mère avant mes quatorze ans. *(Bennett, au son de la voix de Fanny, s'est brusquement arrêté et tout doucement, sans affectation, se cache derrière le paravent.)*

La Cadette. — Mais votre oncle ?

Fanny. — Oh ! parlons-en ! Mon oncle ? C'est pour lui échapper que je suis entrée au théâtre.

L'Aînée. — Comme c'est triste de ne pas s'entendre avec les siens !

Fanny. — C'est encore plus triste de tomber sous leur domination, quand cette domination est sans tendresse, sans indulgence. J'ai enduré ces gens-là six mois. Je suis encore émerveillée de ma patience. Je veux oublier même qu'ils existent. C'est nécessaire pour ma joie, pour mon repos, pour…

Bennett descend en scène, très calme. Il regarde Fanny. Ses traits sont parfaitement immobiles, Fanny est seule, de sa place, à pouvoir le voir. Les mots s'arrêtent dans sa gorge. Ses yeux s'ouvrent démesurément. Vernon, qui arrangeait le feu, se retourne et voit Bennett.

Vernon. — Ah ! Bennett ! Bonjour, Bennett ! *(Il lui tend la main.)* Comment vous portez-vous ?

Bennett. — Très bien, Votre Honneur, merci.

Vernon. — Et toute la famille ?

Bennett. — Aussi bien que possible. Charles, toutefois, vient d'être secoué assez rudement par la grippe.

Vernon. — C'est fâcheux… Va-t-il mieux ?

Bennett. — Il a repris son service, Votre Honneur. La santé de Votre Honneur, je crois, est excellente ?

Vernon. — Impossible de la souhaiter meilleure, Bennett. Voici votre nouvelle maîtresse.

Fanny s'est levée. Bennett se tourne vers elle.

Bennett. — Nous apporterons tous nos efforts à remplir nos devoirs envers notre Lady. *(À Vernon.)* J'avais préparé une réception selon le cérémonial ordinaire, établi une fois pour toutes, et…

Vernon. — C'est justement ce qui nous a fait peur, Bennett. Nous sommes venus à pied et entrés par la petite porte du jardin. *(Il rit.)* Les bagages sont-ils arrivés ?

Les Misses se sont levées. L'ahurissement de Fanny leur semble motivé par la révélation de sa nouvelle position.

La Cadette. — Nous allons vous laisser. Nous vous reverrons au dîner.

Vernon. — Quelle heure, le dîner ?

La Cadette. — Sept heures. Mais ne vous pressez pas, chérie. Je vais dire à l'office qu'on retarde un peu le service. *(Elle l'embrasse.)*

L'Aînée, *à Fanny*. — Il faut bien vous laisser le temps de coiffer ces jolis cheveux. À tout à l'heure.

Elle embrasse aussi Fanny qui se laisse faire, sidérée.

BENNETT. — Je vais aller voir moi-même si la chambre de Votre Honneur est bien en ordre.

VERNON. — Robert n'est donc pas là ?

BENNETT. — Il fait quelques courses en ville. Nous n'attendions Votre Honneur qu'à neuf heures.

Il sort. Vernon et Fanny sont seuls.

FANNY. — Vernon, où suis-je ?

VERNON. — Chez nous, ma chérie.

FANNY. — Oui, oui, oui ! *(Énervée.)* Mais où ?

VERNON. — À Bantock-Hall, Rutlandshire. Chérie, je vous vois bouleversée ; vous ne m'en voulez pas, dites ? Ma petite fille, vous savez comment sont les gens ! J'ai voulu leur fermer la bouche, leur prouver que notre amour était pur de tout calcul. J'ai voulu montrer aux méchantes langues que ma Fanny épousait Vernon Wethrell pour lui-même… et pour elle-même aussi, n'est-ce pas ?… Dites que vous me pardonnez ?

En riant, il se penche vers elle.

FANNY, *dans un rêve*. — Évidemment… Évidemment, vous ne saviez pas… Vous ne pouviez pas savoir… *(Elle se relève brusquement.)* Vernon, vous m'aimez ? *(Elle lui met les bras autour du cou.)* C'est bien moi que vous aimez ?

VERNON. — Ma chérie !

FANNY. — Moi, n'est-ce pas ? Non point une Fanny quelconque, mais cette femme même qui est sur votre cœur ?

VERNON. — Ma petite Fanny…

FANNY. — Et vous n'aurez jamais honte de moi ?

VERNON. — Honte ? Honte de vous ? Ma chérie !

FANNY. — Vous savez que je n'étais qu'une petite chanteuse de music-hall. On ne peut pas revenir là-dessus, vous savez. C'est acquis.

VERNON. — Je vous aurais aimée quand vous n'auriez été qu'une petite mendiante des rues.

FANNY *s'accroche à lui*. — Avec un oncle marchand de chiffons ?

ACTE PREMIER

Vernon. — Oui !

Fanny. — Avec une tante vendeuse d'allumettes, un cousin policeman et un neveu cockney ?

Vernon, *riant très fort*. — Oui, oui, oui, petite folle.

Fanny. — Cela n'aurait rien empêché ? C'est pour moi que vous m'avez épousée ? Ce n'est pas pour ma famille ? N'est-ce pas ? N'est-ce pas, Vernon ? Dites ! Dites !

Vernon. — Ma chérie, voulez-vous m'écouter ? Regardez-moi bien, vos beaux yeux dans mes yeux. Je vous ai épousée parce que vous êtes la plus séduisante, la meilleure, la plus merveilleuse petite femme qu'il sait possible de rencontrer. Quant à votre famille… j'ai une confession à vous faire. J'ai dû m'en enquérir avant de vous parler mariage…

Fanny. — Mais qui a pu…

Vernon. — Votre imprésario, ma chérie, le brave Newte.

Fanny. — George… Oh ! par exemple !…

Vernon. — J'ai dû le faire… pas pour moi, chérie, je le jure, mais pour être en mesure de répondre comme il faut aux questions que les autres — les méchants « autres » qui ne comprennent pas les amoureux — pourraient me poser un jour.

Fanny, *anxieuse*. — Alors ?

Vernon. — Alors ? Mais, Fan, ça m'a paru être une famille tout à fait respectable.

Fanny. — Elle l'est. Oh ! elle l'est ! Il n'y a pas de famille plus respectable ! On peut chercher ! On n'en trouvera pas ! Dans la famille, Vernon, la respectabilité est une carrière. On en vend. C'est pour cela que je n'ai jamais pu m'entendre avec elle…

Vernon, *riant*. — C'est devenu inutile, petite chérie. Elle n'aura pas besoin de savoir…

Bennett rentre.

Bennett. — Robert vient de rentrer, Votre Honneur. Il est sept heures moins dix.

Vernon. — Parfait ! Un bon bain sera le bienvenu. (*À Fanny.*) Bennett va vous envoyer votre femme de chambre, chérie. (*Tout bas.*) Vous verrez : on s'habitue très vite à tout ce protocole. Quant à cette famille que le diable emporte, nous l'aurons tous vite oubliée... *(Bennett ferme les rideaux du fond. Ce que voyant, Vernon embrasse en cachette Fanny avant de sortir. Fanny revient en scène où Bennett, flegmatique, continue à aller et venir. Il redescend en scène, enfin. Face à face, ils se regardent.)*

Fanny, *brusquement*. — Et alors ?... *(Un temps.)* Qu'est-ce que vous allez faire ?

Bennett. — Mon devoir.

Fanny. — Bien. Je connais ça. Votre devoir, ça ne saurait qu'être très désagréable pour moi.

Bennett. — Ce que je ferai, ma chère fille, dépendra exactement de vous.

Fanny. — De moi ?

Bennett. — De vous, je dis bien. Selon que vous vous montrerez ou non raisonnable, respectueuse, docile. Je puis aisément prévoir qu'avant que vous soyez digne de votre nouvelle position, un apprentissage soutenu et patient sera nécessaire.

Fanny. — Un apprentissage ! C'est vous qui osez... Est-ce que vous savez exactement qui je suis ?

Bennett. — Qui vous êtes ? Assez bien, oui. Et aussi qui vous étiez. Je pense à l'enthousiasme que pourra montrer le dernier lord Bantock en apprenant qu'il a épousé la nièce de son maître d'hôtel. La qualité ne m'en semble pas fameuse, hé ?

Fanny. — Et qui dirigera cet apprentissage ?

Bennett. — Moi-même, avec l'aide de votre tante Suzannah, de vos cousines et cousins et, en résumé, de tous les membres de la famille sur qui je croirai pouvoir compter pour cela.

Fanny, *éclatant brusquement*. — Joie céleste ! Eh bien, mais voilà qui me décide. Je cours tout lui dire à l'instant.

Bennett. — Vous le trouverez vraisemblablement dans son bain.

Fanny. — C'est ça qui m'est égal ! Pensez-vous vraiment que je vais supporter une minute de plus, moi, lady Bantock ?... Je vais tout lui dire. Il m'aime. Il m'aime pour moi-même. Je vais lui dire la vérité et le prier de vous mettre tous dehors... Ah !

Bennett. — Vous oubliez que vous lui avez déjà dit une fois qui vous étiez.

Fanny. — Rien du tout. Je ne lui ai rien dit du tout.

Bennett. — Ah ! je croyais avoir entendu quelques allusions à des relations, ma foi, assez brillantes…

Fanny. — Quoi ? Des relations ? Je ne puis empêcher que certaines gens aient fait les idiots. Oh ! mon oncle ! mon oncle ! Ce serait tellement plus simple que vous vous en alliez tous ! Vernon fera ce que je voudrai. Je trouverai un prétexte qui sauvegarde votre amour-propre. Je dirai… que… que vous me déplaisez…

Bennett, *ironique*. — Par exemple ?

Fanny. — On vous donnera une pension ! Alors, vous et ma tante vous pourrez tenir une gentille auberge, loin d'ici, sur une route très fréquentée… avec du lierre qui grimpera partout, partout…

Bennett. — Fanny…

Fanny. — Ce serait si gentil, si poétique !

Bennett. — Prenez-vous bien en considération que, en tenant compte de tous les services, nous sommes vingt-trois à Bantock-Hall ?

Fanny, *accablée*. — Vingt-trois Bennett ! Naturellement, il ne pourrait pas vous donner une pension à tous.

Bennett. — Je pense que lord Bantock préférera laisser les choses en l'état actuel. Les bons domestiques sont rares, et aussi les bons maîtres. Les uns et les autres ne se remplacent pas facilement. Votre tante et moi-même enfin sommes parvenus à un âge où tout changement apparaît sans attrait.

Fanny. — Mais, voyons ! La vérité éclatera tôt ou tard.

Bennett. — Nous tâcherons que ce soit tard, Fanny. *(Il va sonner.)* Entre temps, vous aurez eu des occasions de prouver à Son Honneur que vous n'êtes pas incapable de profiter d'un enseignement.

Fanny, *pleurant presque*. — Enfin ! Je sais des gens qui se réjouiraient que leur nièce ait fait un beau mariage !

Bennett. — C'est affaire à eux. J'ai, pour moi, des principes qui m'enjoignent de me préoccuper avant toute autre chose de mes devoirs envers ceux que je sers. Puisque mon maître m'a fait l'honneur d'épouser ma nièce, le moins que je puisse faire est de veiller à ce qu'elle se rende digne de cet honneur qu'il me fait, et que je ressens vivement, croyez-le bien. *(Entrent Mrs Bennett et Honoria,* *petite personne de l'âge de Fanny, très jolie. Bennett leur fait signe d'approcher.)* Vous allez apprendre avec intérêt, Suzannah, que la nouvelle lady Bantock n'est pas une inconnue pour nous.

Mrs Bennett *s'avance.* — Fanny ! Méchante fille ! Qu'êtes-vous devenue depuis tout ce temps ?

Bennett, *s'interposant.* — Vous aurez d'autres occasions d'élucider ces problèmes familiaux. Pour l'instant, lady Bantock doit s'habiller pour le dîner.

Mrs Bennett, *au sommet de la stupeur.* — Lady Bantock !

Honoria. — Oh ! *(Aigre.)* Elle aurait pu, tout au moins, nous avertir de l'honneur qui nous est fait.

Mrs Bennett. — En effet. Pourquoi n'a-t-elle pas écrit ?

Fanny. — Parce que j'ignorais tout ! Sans cela, pensez-vous que je l'aurais épousé ? Pour qu'il me ramène près de vous ? Croyez-vous donc que je ne puisse vivre loin de vous tous sans en mourir ?

Mrs Bennett. — Mais vous deviez bien savoir que lord Bantock…

Fanny. — Lord Bantock ? J'ai épousé Vernon Wethrell, artiste peintre. Rien de plus. Il m'a caché son titre. Il voulait être sûr de moi. Et voilà dans quelle situation ridicule…

Ernest, très jeune valet de pied, vient d'entrer avec un panier de bois.

Ernest, *ahuri, reconnaissant Fanny.* — Fanny !

Il la contemple bouche bée. Elle l'aperçoit.

Fanny. — Hello ! Ernest ! Comment vas-tu ? *(Elle l'embrasse.)* Toujours grand chasseur de lapins, vieux garçon ?

Bennett, *à Ernest.* — Ne restez pas là, sidéré. J'ai sonné pour que vous apportiez du bois. Et prévenez votre frère que lady Bantock est arrivée *(Ernest laisse choir son panier de bois.)* et que le dîner est pour huit heures et quart.

Ernest, *yeux ronds sur Fanny, sort gauchement, à reculons.* — Oh ! Fanny !

Fanny. — Je suppose qu'il faut m'habiller pour le dîner. Où dînerai-je ? Avec lord Bantock ? Ou à l'office avec les domestiques ?

Mrs Bennett. — Toujours sa même impertinence !

Fanny. — Je m'informe, simplement. Mon seul désir est de vous donner toute satisfaction.

Bennett. — Ce sera très facile. Croyez-moi, la situation est d'importance. Il ne faut rien compromettre. Pendant le dîner, vous n'aurez qu'à me regarder de temps à autre. Mon regard vous fixera sur ce que vous devez faire ou ne pas faire.

Mrs Bennett. — La plus grande exactitude aux repas est de rigueur. J'ai décidé qu'Honoria serait votre femme de chambre.

Fanny. — Honoria ?

Mrs Bennett, *prête à mordre*. — Vous y faites une objection ?

Fanny. — Grands dieux ! Puisque ce choix vous satisfait tous, allons-y pour Honoria !

Mrs Bennett. — Souvenez-vous aussi que vous n'êtes pas au music-hall. Moins d'exclamations. Moins de gestes. Parlez plus bas.

Fanny. — C'est tout ?

Mrs Bennett. — Dans le moment de vous habiller pour le dîner de Bantock-Hall, rappelez-vous où vous êtes et qui vous êtes. Nos conseils sur ce point vous seront précieux.

Bennett. — Vous n'aurez qu'à obéir à votre tante sur tous les points.

Il sort.

Mrs Bennett. — Êtes-vous prête ?

Fanny. — Tout à fait prête, chère tante. Évidemment, les robes que j'ai apportées sont à la toute dernière mode. Je ne suis pas sans inquiétude sur votre opinion à leur endroit.

Mrs Bennett, *imperméable à l'ironie*. — Nous ferons pour le mieux. *(Elle sort avec Honoria vers l'appartement de Fanny. Celle-ci va pour les suivre, mais l'entrée d'Ernest la fait revenir sur ses pas. Elle va vivement au bureau, écrit quelques lignes, appelle Ernest à voix basse.)*

Fanny. — Mon petit Ernest, écoute… As-tu toujours ton vélo ?

Ernest. — Oui !

Fanny. — Bon. Enfourche-le et va expédier ce télégramme avant huit heures et demie. Pas au village. En ville. C'est très important. Peux-tu le faire ? Il y a un souverain pour toi. Et en cachette, bien entendu…

Ernest. — Oh ! ce qui peut m'arriver de pire, c'est une eng… en règle…

Fanny. — Et c'est moins rare que les souverains ici, hein ? *(Elle lui donne la dépêche.)* Peux-tu lire ?

Ernest. — George P. Newte...

Fanny. — Chut !

Ils regardent tous deux vers la porte entr'ouverte.

Ernest *continue à voix plus basse.* — ...*72, Waterloo Bridge Road, Londres. Il faut que je te voie tout de suite. Viens. Fanny.*

Fanny. — Ça va. Sauve-toi, je te rappellerai tout à l'heure.

Mrs Bennett, *de la chambre de Fanny.* — Allez-vous nous faire attendre toute la nuit ?

Ernest rapidement enfouit le télégramme.

Fanny. — Voilà, chère tante, voilà. *(À Ernest.)* Pas un mot à personne ! *(Elle le fait sortir vivement et ferme la porte.)* Je remettais un peu d'ordre dans cette pièce. *(Elle ramasse son chapeau, son manteau, son sac.)* J'ai pensé que cela vous serait agréable. Je suis désolée de vous avoir fait attendre. *(Elle va vers la porte avec, sur le bras, son paquet de vêtements. Honoria paraît sur le seuil... les mains oisives.)* Après vous, Honoria, après vous...

Honoria sort à nouveau. Fanny, encombrée de vêtements, la suit, dans une ironique soumission.

RIDEAU

ACTE II

Même décor. On a replié le paravent. Le soleil éclaire la pièce. Midi et demi.
La pendule les sonne au lever du rideau.

Entre le Docteur Freemantle introduit par Bennett.

Le Docteur. — Quel splendide temps ! En avez-vous jamais vu de si merveilleux, Bennett ?

Bennett. — Un printemps trop hâtif n'est pas toujours un bienfait, monsieur le docteur. On le paie tôt ou tard...

Le Docteur. — Bah ! bah ! comme toutes choses. Il faut payer pour tout avoir...

Bennett. — Sauf les vicissitudes, monsieur le docteur, qui nous sont gratuitement départies... *(Le Docteur rit.)* Le docteur veut-il le *Times* ?

Le Docteur. — Merci, Bennett. Je ne pense pas que lord Bantock tarde beaucoup à venir...

Bennett. — J'ai averti Son Honneur que le docteur serait ici à une heure.

Le Docteur. — Parfait, parfait ! *(Un temps.)* Bennett !

Bennett. — Monsieur le docteur ?

Le Docteur. — Dites-moi un peu... votre impression ?

Bennett. — Sur ?

Le Docteur. — Sur *elle*, mon ami, voyons...

Bennett. — La nouvelle lady Bantock ?

Le Docteur. — Oui... allez !

Bennett. — Mon Dieu... ç'aurait pu être pire !

Le Docteur. — Ah ! oui... oui... C'est une consolation, en effet... une petite...

Bennett. — Je suis même enclin à penser que Milady, *sous une habile direction*, arrivera à donner toute satisfaction.

Le Docteur. — En somme, vous ne désespérez pas ?

Bennett. — Je lui rends justice. Elle montre jusqu'ici une excessive bonne volonté.

Le Docteur. — Et cela durera ?

Bennett. — Je l'espère. Milady se rend certainement compte de ce que sa situation a d'exceptionnel. *(Sur la porte.)* Je vais dire aux misses Wethrell que monsieur le docteur est là.

Le Docteur. — Merci, Bennett.

Bennett. — Je ne crois pas que Milady soit visible avant l'heure du lunch. J'ai cru comprendre qu'elle s'est éveillée avec une forte migraine.

Bennett sort. Le Docteur lit un instant. La porte s'ouvre et Fanny entre. La robe qu'elle porte offre un contraste saisissant avec les fanfreluches qui la vêtaient la veille. La plus sévère des vieilles institutrices s'en pourrait contenter. Ses cheveux sont tirés en arrière et lisses. C'est une autre femme. Mais on n'a pu l'enlaidir.

FANNY, *apercevant le Docteur.* — Oh !

LE DOCTEUR *se lève. Après un temps.* — Excusez-moi. Ai-je le plaisir de me trouver en présence de lady Bantock ?

FANNY. — Mais oui...

LE DOCTEUR. — Charmé. *(S'inclinant.)* Puis-je me présenter ? Le docteur Freemantle. J'ai mis votre mari au monde.

FANNY. — Je sais. Il me l'a dit. Quelle charmante idée vous avez eue ce jour-là !

Ils sourient.

LE DOCTEUR. — Comment se comporte cette migraine ?

FANNY. — Bien mieux ! Oh ! bien mieux ! Merci !

Ils sourient.

LE DOCTEUR. — Pardonnez-moi de vous parler avec cette liberté. Je suis un vieil ami de la famille. Vous... n'êtes pas du tout ce que j'attendais...

FANNY. — Mais... vous êtes satisfait de moi tout de même ? Je veux dire... cette chose... *(Elle montre sa robe.)* vous paraît convenable, dites ? Appropriée ?

Elle a prononcé le mot avec l'application qu'y mettent les Bennett.

LE DOCTEUR. — Mais, chère dame, c'est charmant.

FANNY, *étonnée.* — Vous trouvez ? Sincèrement ?

LE DOCTEUR. — Mais oui... Vous ne sauriez être que charmante.

FANNY. — Comme ça, j'aime mieux !

LE DOCTEUR. — Je voulais seulement dire que je ne me serais jamais attendu à vous trouver si modeste... si réservée...

FANNY. — Voilà ! Voilà le point capital ! Les ladies Bantock, jusqu'ici, ont été terriblement modestes et réservées, hein ?

LE DOCTEUR, *de plus en plus intrigué.* — Oui, oui, elles ont toujours été... *(Son regard tombe sur le portrait de lady Constance.)* Enfin... plus ou moins...

FANNY. — Oh ! s'il y a eu des exceptions... et je ne le crois pas, ça ne changerait rien... Moi, je dois marcher sur les traces de la dernière en date des ladies Bantock. Je crois bien que celle-ci a été spécialement modeste et réservée. Ceci, tenez, c'est une robe à elle.

ACTE II

C'était… naturellement !

Le Docteur. — Mais… mais… *(Il est très ému.)* Dieu tout-puissant ! Vous n'allez pas vous habiller avec les vêtements d'une dame dont je respecte les mérites, certes, mais qui est morte et enterrée depuis vingt ans !

Fanny. — Vingt ans ? Oui ! *(Elle regarde sa robe.)* Je pensais bien que ça devait remonter au moins à cette époque-là.

Le Docteur, *allant à elle*. — Qu'est-ce qu'il y a qui ne va pas ?

Fanny, *évasive*. — Oh !

Le Docteur. — Parions que je devine. C'est malin, un vieux docteur. L'habitude du diagnostic. *(Un temps.)* Un peu trop de Bennett, hein ?

Fanny, *souriant*. — Suffisamment comme ça, oui.

Le Docteur, *riant*. — Ce sont d'excellents domestiques. Ils le seraient bien davantage encore s'ils consentaient à être des domestiques tout court. *(Il regarde autour de lui et, baissant la voix :)* Mon ordonnance : matez la tribu sans attendre. Dans huit jours, il serait trop tard.

Fanny, *le faisant asseoir sur le canapé*. — Asseyez-vous près de moi, cher docteur. J'ai des confidences à vous faire.

Le Docteur. — Ma chère enfant ! Quel honneur délicieux vous me faites !

Fanny. — Vous êtes charmant. *(Sur un ton important.)* Docteur, je suis double.

Le Docteur. — Double ?

Fanny. — Oui… double. Deux, si vous voulez. Deux en une seule personne. Je suis une sainte… Ça vous paraît peut-être un peu fort ?

Le Docteur. — À dire vrai…

Fanny. — Bon ! Alors, mettons : un ange. Je suis un ange… Et en même temps je puis être… le contraire. Comprenez-vous ?

Le Docteur. — Oui… Oh ! pour ça, oui ! Vous pouvez être… Oh ! très bien, j'en suis sûr.

Fanny. — Moi aussi. Tout à fait sûre.

Le Docteur. — Mais, vous savez, un peu… un tout petit peu seulement du « contraire », ça n'est pas grave.

Fanny. — Ah !

Le Docteur. — Pas grave du tout. Un petit peu seulement, bien entendu.

Fanny. — Ah ! voilà ! C'est que, justement, il y en a beaucoup, du contraire, beaucoup. Je n'ai jamais su m'en tenir au juste milieu.

Le Docteur. — Hum !… C'est… gênant, ça !

Fanny. — Très. Alors, pour l'éviter, j'ai décidé que je continuerais à être une sainte.

Le Docteur. — Un ange… un ange…

Fanny. — C'est vrai, pardon ! Et ça, jusqu'à ce que, physiquement, ça devienne tout à fait impossible !

Le Docteur. — Et alors ?

Fanny, *héroï-comique*. — Ah ! alors… dame… il arrivera ce qu'il arrivera. Je n'y serai pour rien, moi. J'aurai fait l'impossible…

Le Docteur. — Mais… ne pensez-vous pas que, puisqu'une explosion est inévitable, plus vite elle arrivera, mieux cela vaudra ?

Fanny, *après un temps, soudain sérieuse et la voix grave*. — Vous connaissez Vernon, docteur, depuis toujours.

Le Docteur. — Je vous l'ai dit. Je suis la première personne qu'il ait rencontrée.

Fanny. — Parce que… moi, je ne le connais que comme amoureux. C'est insuffisant… Quel homme est-ce ?

Un temps. Ils se regardent les yeux dans les yeux.

Le Docteur. — Un homme avec lequel on a tout intérêt à agir franchement.

Fanny, *après un temps*. — C'est une très vieille famille, n'est-ce pas ?

Le Docteur. — Grands dieux, non ! Une très vieille famille ?… Mais le premier lord Bantock fut l'aïeul de Vernon. Tenez ! *(Il la conduit devant le portrait de Constance.)* Voici la femme qui fit la chose.

Fanny. — Comment ?

Le Docteur. — C'est elle : Constance Wethrell, lady Bantock, qui obtint le titre, qui fit passer le nom dans l'histoire. Une maîtresse femme, chère petite dame.

FANNY, *qui regarde fixement le portrait.* — Je me demande ce qu'elle aurait fait si on l'avait plongée tout un coup dans un grabuge de première classe comme le mien !

LE DOCTEUR. — Une chose est certaine : elle en serait sortie. Comment ? Ça...

FANNY. — Oui... Ça ?... *(Au portrait.)* Oh ! madame, je donnerais beaucoup pour que vous puissiez me conseiller !

Vernon entre en coup de vent : costume de cheval, l'air de quelqu'un qui vient de galoper et y a pris plaisir.

VERNON *voit le Docteur.* — Hello ! Ça, c'est chic ! *(Il jette son stick et son chapeau.)* Comment allez-vous ? *(Il embrasse Fanny.)* Bonjour, ma chérie. Avez-vous fait gentiment connaissance avec notre bon docteur ? Avez-vous causé tous deux ?

LE DOCTEUR. — Je crois bien !

VERNON. — N'est-ce pas que c'est une sainte ?

LE DOCTEUR. — Un ange !

VERNON. — Seulement un ange ?

LE DOCTEUR. — Oui, c'est une chose convenue entre nous deux.

VERNON. — Ah ! bon ! Mais... mais, ma petite fille, comment vous a-t-on fagotée !

FANNY. — Honoria a pensé que ce genre convenait mieux à une lady Bantock.

VERNON. — Est-ce certain ? Docteur, qu'en pensez-vous ?

LE DOCTEUR. — Je pense que lady Bantock est seule juge.

VERNON. — Évidemment. *(Un temps.)* Fanny, voyez-vous, il faut vous persuader qu'ici vous êtes libre d'agir à votre guise. Ces Bennett sont d'excellentes créatures, mais il ne faut pas leur laisser prendre trop d'empire sur vous. C'est vous la maîtresse. Qu'ils le comprennent.

FANNY *se précipite sur cette chance.* — Vous devriez bien, Vernon, le leur faire sentir. Venant de vous, la chose aurait tellement plus d'autorité !

LE DOCTEUR, *riant.* — Hum ! J'ai bien peur, ma chère enfant, que vous ne soyez obligée vous-même de mettre la main à la besogne.

VERNON. — De ma part, Fanny, voyez-vous, une observation un peu rude passerait pour de l'ingratitude. Songez que, jusqu'à quatre ans, j'ai cru que Mrs Bennett était ma mère, tant sa sollicitude était, pour moi, infinie ! Bennett a été jusqu'à ma majorité le chef de la famille. Charles Bennett fut mon professeur d'équitation. J'ai appris mes lettres sur les genoux de Jane Bennett.

Fanny. — C'est une Bennett qui trayait le lait que vous buviez, un Bennett qui choisissait vos balles de golf, une Bennett qui achetait vos cravates, un Bennett... Savez-vous à quoi je pense ? À ceci : que, pour achever la série, vous auriez dû épouser une Bennett...

Vernon. — Oh ! mauvaise que vous êtes...

Il rit.

Fanny. — Je voulais vous dire, mon chéri : je ne sortirai pas avec vous tout à l'heure.

Vernon. — Pourquoi ?

Fanny. — J'ai un assez violent mal de tête.

Vernon. — Oh ! pauvre petit ! Mais, alors, nous resterons tous ici. Ces courses seront assommantes sans vous.

Fanny. — Mais, pas du tout, Vernon. Il vous faut y aller. Vos tantes s'en réjouissent. Et le docteur m'a dit que ma migraine se dissiperait bien plus vite si je pouvais me reposer seule.

Le Docteur la menace ironiquement du doigt dans le dos de Vernon.

Vernon. — Vraiment, docteur ?

Le Docteur, *riant*. — Aussi vrai que je ne mens jamais.

Entrent les Misses Wethrell, habillées pour sortir.

Vernon, *aux Misses*. — Fanny ne vient pas avec nous.

La Cadette. — Oh ! Pourquoi ?

Fanny. — Une méchante migraine. *(Prenant la Cadette à part.)* À vrai dire, je serai contente de me retrouver seule avec moi-même quelques heures.

La Cadette. — C'est juste, ma chérie. Tout cela fut si brusque, si inattendu, si... *(Elle l'embrasse et, à sa sœur :)* Elle a besoin d'un peu de calme. Nous sortirons tous trois.

Fanny, *à l'Aînée, l'embrassant*. — N'allez pas jouer trop gros jeu, au moins ?

L'Aînée. — Oh ! Fanny ! Nous ne jouons jamais. C'est seulement pour admirer les jolis chevaux.

Vernon. — Filons vite, nous sommes bien en retard, nous ne verrons guère que les deux dernières courses. Nous vous déposons, docteur ?

Le Docteur. — Si vous voulez bien… devant l'église. Je vais chez le pasteur. *(À Fanny.)* Mes respects, lady Bantock.

Vernon. — Mais vous reviendrez prendre le thé avec nous ?

Le Docteur. — Avec plaisir.

Fanny. — C'est gentil. À tout à l'heure, docteur.

Vernon. — Vous ne vous ennuierez pas, petite chérie ?

Fanny. — Si ! Affreusement ! Vaniteuse créature ! C'est que ça croit sérieusement qu'on ne peut pas vivre une heure sans lui !

Vernon *l'embrasse.* — Vous allez mieux, Fanny. Vous allez mieux ! Je mettrai quelque chose pour vous sur le gagnant.

Fanny. — Merci ! Sur le gagnant seulement, n'est-ce pas ? *(Tous rient. Le Docteur et la Cadette sont sortis.)* Chéri, c'est Ernest qui s'occupe des feux, n'est-ce pas ?

Vernon. — Oui.

Fanny. — Alors, envoyez-moi ce personnage ! Au revoir, Vernon !…

Vernon. — Au revoir, petite Fanny !

Baiser.

L'Aînée *sort la dernière. Sur le pas de la porte, elle braque son face-à-main et, simplement :* — Au revoir, chérie. Je vous aime dans cette robe.

Fanny, *riant.* — Oui ? Tant mieux, tante… *(Seule, elle va au bureau d'un pas fébrile, feuillette l'indicateur des chemins de fer.)* Cinquante-trois… Cinquante-trois… *(Tourne la page.)* Saint-Pancrace, dix heures quarante-cinq !… Stamford, midi vingt. On appelle ça des rapides ! *(Entre Ernest.)* C'est toi, Ernest ?

Ernest. — Oui.

Fanny. — Ferme la porte. Tu es sûr que la dépêche est partie hier soir ?

Ernest. — Sûr.

Fanny. — S'il ne prend pas le dix heures quarante-cinq, il ne sera jamais ici avant six heures. Que c'est embêtant !… Quelle heure,

Ernest ?

Ernest *regarde la pendule.* — Une heure moins cinq !

Fanny. — … Mais s'il prend le dix heures quarante-cinq, il sera ici dans un quart d'heure. Si j'allais au-devant de lui ? On peut sortir, Ernest ? En douce ?

Ernest. — Faudra toujours passer devant le concierge.

Fanny. — Qui est-ce, le concierge ?

Ernest. — Oncle Uriah.

Fanny. — Flûte ! Et par la petite porte du parc ?

Ernest. — Y a d'la méfiance, rapport à la maison du jardinier.

Fanny. — Qui est le jardinier ?

Ernest. — Papa !

Fanny. — Crotte !

Ernest rit. Bennett est entré, a entendu. Il saisit Ernest par l'oreille et le mène à la porte.

Ernest. — Eh là ! Hou…

Bennett. — Quand il arrivera à votre cousine d'oublier sa position, vous ferez en sorte de vous en souvenir. Filez ! *(Sortie précipitée d'Ernest.)* Il y a une personne en bas qui, soi-disant, passait dans le voisinage et qui demande à vous voir.

Fanny *joue mal la surprise.* — Moi ? Non ?

Bennett, *ironique.* — Je pensais bien que vous seriez étonnée. Il se dit de vos amis et répond au nom de Newte.

Fanny, *même jeu.* — George ? Tiens ? Mais oui, en effet ! Ah ! le monde est petit ! Priez-le de monter, voulez-vous ?

Bennett. — Mon intention, après vous avoir prévenue comme m'y oblige mon devoir, est de faire servir à cette personne un verre de bière à l'office et de la renvoyer d'où elle vient.

Fanny, *suffoquée.* — Écoutez, mon oncle ! Pas de malentendu entre nous. J'accepte d'être mise sous le boisseau, s'il n'y a pas moyen de faire autrement, mais je n'admettrai jamais qu'on insulte mes amis. Priez M. Newte de monter jusqu'ici.

Un temps.

Bennett. — Je considérerai comme mon devoir d'informer lord Bantock de la visite de M. Newte.

ACTE II

FANNY. — Pas la peine ! J'espère que M. Newte restera dîner avec nous.

Bennett sort.

FANNY *le suit, à la cantonade.* — Et veillez à préparer la meilleure chambre, entendez-vous ! Pour le cas où M. Newte pourrait passer la nuit. *(Elle revient en scène.)* Et voilà !

Elle se met au piano et joue un air récent, de ces airs aussi répandus qu'inappropriés. Entre George P. Newte, introduit par Bennett. Un brave garçon, cigare — et quel ! — au bec. Fort rouge, mis avec un soin extrême, selon les règles de l'élégance en vogue chez les bookmakers qui réussissent.

BENNETT *annonce.* — Monsieur Newte.

FANNY, *enthousiaste.* — Hello ! George !

NEWTE, *cordial.* — Hello ! Fan ! *(Puis remarquant la robe longue de Fanny.)* Mais dis donc, qu'est-ce que tu as fait de tes jambes ?... Oh ! pardon ! *(Se modérant.)* Lady Bantock, je passais justement dans les environs...

FANNY. — Quelle bonne idée vous avez eue...

NEWTE. — Ben... oui... n'est-ce pas... puisque le hasard...

FANNY. — Bien sûr ! Bien sûr !

NEWTE. — Alors, dame, je me suis dit... *(Il aperçoit Bennett qui attend et lui donne son chapeau, sa canne. Bennett n'est pas encore satisfait. Il prend sur la table un petit plateau en chêne et le présente avec insistance.)* Pardon !... *(Newte cherche ce que cela veut dire. L'idée d'un pourboire lui vient.)* Drôle de coutume... Enfin...

Il met la main au gousset et dépose une pièce sur le plateau.

BENNETT, *méprisant, laisse tomber la pièce sur la table.* — Le fumoir est au rez-de-chaussée.

NEWTE. — Le... Ah ! bon, mon cigare... Pardon ! Je ne comprenais pas.

Il le dépose sur le plateau et reprend la pièce.

BENNETT. — Merci. Lady Bantock souffre d'une sévère migraine. Je prends la liberté de recommander à monsieur Newte le plus grand calme.

Il sort, laissant Newte sidéré.

NEWTE, *un long sifflement.* — Dis donc, Fan, un peu... réfrigérant, ton lord Chamberlain !

Fanny. — Oui… Besoin qu'on le pende au soleil pendant quelques heures, hein ?… Comment as-tu fait pour être là si vite ?

Newte. — Ta dépêche m'avait affolé… Dis-moi, penses-tu que l'étiquette me permette de m'asseoir ici ?

Fanny. — Ça, mon vieux, faut pas me le demander ! J'ai bien assez de boulot pour mon propre compte ! À ta place, je me risquerais…

Newte. — Allons-y… *(Il s'assied.)* Vois-tu, Fan, il y a si longtemps que je n'ai pas été à la Cour… *(Il reprend le fil de son récit.)* Alors, voilà… Pris le train jusqu'à Melton. À Melton, confortable camion automobile… Et voilà… Quoi de cassé par ici ?

Fanny. — Des tas de choses.

Newte. — Dis-en une pour voir.

Fanny. — La plus grosse : pourquoi ne m'as-tu pas dit qui j'épousais ?

Newte. — Je te l'ai dit ! Je m'entends encore… Je t'ai dit : « Fan, tu épouses un gentleman. »

Fanny. — Pourquoi ne m'as-tu pas dit que ce gentleman s'appelait lord Bantock ? Tu le savais, j'en suis sûre.

Newte. — Fan !

Fanny. — Tu le savais !

Newte, *très embarrassé.* — Dis donc… Personne ne peut objecter à ce que je mette un cigare dans ma bouche, si je ne l'allume pas, hein ?

Fanny. — Oh ! allume-le si ça doit te donner une lueur de lucidité !

Newte, *soulagé, sort un cigare énorme, le mord et dès lors retrouve l'exercice de la parole.* — D'abord, Fanny, son nom, je ne le savais pas… pas officiellement, tout au moins.

Fanny. — Qu'est-ce que ça veut dire : officiellement ?

Newte. — Il ne me l'a jamais dit.

Fanny. — D'accord. Mais tu l'as bien deviné tout seul ?

Newte. — J'en conviens. Mais ce que j'ai deviné aussi et clairement, c'est qu'il ne voulait pas que tu le saches, toi ! J'ai eu vite repéré son petit jeu. Alors… qu'est-ce qu'il y avait de mauvais à laisser aller les choses ?… Ça ne pouvait pas te faire de mal. Et ça lui faisait tant de plaisir !

Fanny. — Sais-tu ce que tu as obtenu avec ce système, malheureux ? Tu m'as laissée entrer dans une famille qui occupe pour elle seule vingt-trois domestiques…

Newte. — Eh bien ? De quoi te plains-tu ?

Fanny. — … et où chacun de ces vingt-trois domestiques, ensemble et séparément, est un proche parent à moi. Voilà ! *(Newte en tombe assis.)* Vingt-trois ! pas un de moins ! Le fameux sein de la famille dont on parle tant dans les pièces morales ! Ce vieux hibou déplumé qui voulait te renvoyer avec un verre de bière pour viatique et qui a confisqué ton cigare, c'est mon oncle ! La dame empesée à l'amidon qui ouvre la porte, c'est ma tante Amélie ! L'intéressant jeune homme qui tient du poireau par le corps, de la carotte par les cheveux et qui règne sur le hall, c'est mon cousin Simon ! Il voulait m'embrasser dans les coins autrefois… Je m'attends à ce qu'il recommence !… On ne change guère, dans la famille !… Ma première femme de chambre ? C'est ma cousine Honoria ! Regarde comme elle a joliment su m'habiller. Un goût bien personnel, hein ? Elle a envoyé mes robes chez la couturière du patelin pour qu'elle les rende « convenables » ! Tu te rends compte ! En attendant, ils ont fait des fouilles dans le vestiaire pour y dénicher cet ornement de la préhistoire. *(Newte, au comble de l'émotion, explore en vain ses poches pour y trouver des allumettes, Fanny, exaspérée, lui en jette une boîte à la figure.)* Oh ! je t'en supplie, allume-le et qu'on n'en parle plus ! Comme ça, tu seras peut-être capable de comprendre ce que je te dis ? Aux repas, tiens, on me donne de l'abondance, comme à l'école. C'est oncle Bennett qui la prépare. On m'a chipé mes cigarettes. Tante Suzannah vient le matin pour m'entendre dire mes prières. La confiance règne ! Alors, n'est-ce pas, va falloir que je les rapprenne… et… bon D… de bon D…, je crois bien que je les ai égarées !

Elle va au bureau et cherche fébrilement.

Newte *a enfin allumé son éternel cigare, il peut se permettre d'avoir des idées.* — Mais, enfin, pourquoi sont-ils comme ça ?

Fanny. — Ah ! parce qu'ils sont comme ça ! Parce qu'ils sont pénétrés de cette idée qu'on les a mis sur terre spécialement pour veiller à l'honorabilité des Bantock de Rutlandshire. Parce qu'ils n'auront de repos que le jour où ils auront fait de moi une lady Bantock telle qu'ils imaginent qu'elle doit être : Quelque chose entre la feue regrettée reine Victoria et un mannequin de vitrine ! Bref, ce sont ces parents dont je t'ai parlé si souvent, que j'ai dû fuir, que je détestais, à qui j'aurais préféré la famine ! Et quand, par ce mariage inespéré, splendide, je pense m'évader à jamais de leurs griffes, crac ! m'y voilà ! plus ligotée qu'une momie dans ses bandelettes, sans espoir de secours, pour toute la vie ! Voilà ! Tu es content ? Qu'est-ce que tu en penses ? Parle ! Dis quelque chose !

Honoria Bennett, seconde femme de chambre, accorte personne de l'âge de Fanny, entre le plus naturellement qu'elle peut. Elle ne peut pas beaucoup.

Honoria. — Que ma Lady m'excuse. Je ne fais que passer.

Elle sort par une autre porte.

Fanny. — Voilà ! Ma cousine et deuxième femme de chambre : Honoria Bennett. Ils l'envoient pour moucharder... Petit singe !

Elle pend son mouchoir à la porte sur le trou de la serrure.

Newte, *qui avait, devant Honoria, vivement fait disparaître son cigare*. — Qu'est-ce que tu vas faire ?

Fanny *s'assied*. — Entendre de toi tout d'abord ce que tu as raconté à Vernon.

Newte *s'assied*. — Sur toi ?

Fanny. — Non, sur l'amiral Nelson ! Que lui as-tu dit ?

Newte. — Dame ! Tu sais, il n'y avait pas grand'chose à dire.

Fanny. — Je te connais. C'était pas assez. Qu'est-ce que tu as dit ?

Newte. — Je lui ai dit... que ton père n'avait guère réussi. Que tu avais perdu ta mère très jeune, que des parents t'avaient recueillie. Oh ! je n'ai pas eu beaucoup de détails à donner !

Fanny. — C'est toujours ça !

Newte. — Je lui ai dit que toi et ces parents, ça n'avait pas gazé très fort et alors que tu t'étais adressée à d'anciens camarades de ton père, et... comme ils étaient au théâtre, remarquant ta beauté, ton talent naturel et...

Fanny. — Oh ! ça va ! Passe ! passe !

Newte. — Ils avaient décidé que ce que tu pourrais faire de mieux, pour gagner honorablement ta vie, c'était de devenir chorus-girl... Voilà.

Il est très content de lui.

Fanny. — Ra-vis-sant ! Et puis ?

Newte, *empoisonné*. — C'est tout... Tout ce que je savais...

Fanny. — Évidemment. Mais cette considération n'a pas dû te retenir trop longtemps ?

Newte. — Ah ! il fallait bien que je lui dise autre chose ! Voyons ! un homme — et un lord ! — ne se marie pas sans connaître les origines de celle qu'il épouse. Il n'y a que les idiots et les auteurs dramatiques pour dire le contraire ! Or, tu ne m'avais jamais rien dit. Qu'est-ce que je pouvais faire ?

Il joue avec une plume d'oie sur le bureau.

Fanny, *la lui retire*. — Oui ! Qu'as-tu bien pu faire ?

Newte, *avec une gentille franchise*. — J'ai fait pour le mieux, mon petit coco. Et le résultat, tu le connais ? Mirobolant !

Fanny. — Tu trouves ?

Newte. — Il m'a dit que ce que je lui apprenais était bien au-dessus de ce qu'il attendait, que je le rendais bien heureux. Il exultait. Il m'attendrissait. C'est un gentil type, tu sais. *(Rougissant.)* Alors, quand j'ai vu ça, je lui ai dit... que tu avais un oncle... évêque.

Fanny, *sidérée*. — Un oncle... quoi ?

Newte. — Évêque... évêque de Waiapu, en... en Nouvelle-Zélande !

Fanny. — Pourquoi ? Pourquoi en Nouvelle-Zélande !

Newte. — Pourquoi pas !... Il fallait bien qu'il le soit quelque part. Tu n'exigeais pas qu'il soit archevêque de Canterbury, dis-moi ?

Fanny. — Et... il l'a cru ?

Newte. — Le lui aurais-je dit si j'avais eu le moindre doute là-dessus ?

Fanny, *un peu amère*. — Et puis ? Tu m'as bien dégoté une autre parenté éblouissante, hein ?

Newte. — Oui. Un juge. À la cour suprême, en Ohio. Même nom

que l'évêque, pour simplifier : O'Gorman. Beau nom, pas, Fan ! J'en ai fait un cousin à toi. C'est un type que j'avais connu moi-même, autrefois, en voyage. Un type charmant. Pas juge. Bien sûr. Plutôt quelque chose comme client de juge… Mais charmant !

Un silence.

Fanny, *accablée*. — Et voilà !

Newte, *avec un petit pas de gigue*. — Et voilà !

Fanny. — Maintenant, il n'y a plus qu'à dire que tout ça n'est qu'un paquet de mensonges. C'est facile… Oh ! je ne t'en veux pas… mon vieux George ! C'est ma faute. Ah ! c'est un sale coup, tout de même ! Groggy, Fan !… vieux George ! Elle « flotte » !

Newte, *ému*. — Mais Fanny ! Mais pourquoi tout lui dire ? Tu vas l'affoler. C'est tout !

Fanny. — Mais si ce n'est pas moi, ce sera eux qui l'avertiront ! Tu me connais, tu sais bien que je ne supporterai pas longtemps les brimades de mes propres domestiques. Puis à la fin, par-dessus tout, il faudra bien que ça éclate.

Newte *se lève, prend Fanny par les mains, la fait asseoir près de lui, se relève et, mains en poches, marche de long en large au travers de la pièce.* — Ma petite fille, faut m'écouter sérieusement. C'est moi qui me suis occupé de tes affaires, toujours, n'est-ce pas ?… J'ose dire que ça ne t'a pas trop mal réussi, hein ? Je ne t'ai jamais laissé faire de gaffe. Je ne vais pas commencer.

Fanny. — Mais, George, ne crois pas qu'il soit malin de le tromper plus longtemps avec un tas de bobards qu'il découvrira un jour en bloc… et alors…

Newte. — Tient-il tant que ça à les découvrir ? Un bon petit câble à l'évêque de Waiapu et au juge O'Gorman, de Colombus, et il aurait appris dans le minimum de temps que ces éminentes personnalités n'avaient jamais seulement entendu parler de toi… L'a-t-il fait ? Non. Il t'a épousée parce qu'il était fou de toi, voilà ! tout bêtement.

Fanny. — C'est pour ça, George, qu'il fallait lui dire…

Newte. — La vérité ? T'es bête, mon petit canard… T'es gentil, mais t'es bête ! Tu le vois repassant sa précieuse vérité à ses amis et connaissances : « Oui, cher ami, j'épouse une charmante fille, la nièce de mon maître d'hôtel ! » Impossible ! *(Catégorique.)* C'était une situation où il fallait un menteur. Alors... suis-je imprésario, oui ou non ?

FANNY. — Alors, il va falloir que je passe toute ma vie dans ces costumes de musée ?

NEWTE. — Fan ? *(Elle le regarde. Il cligne de l'œil.)* Tu ne peux pas « t'arranger » avec eux ?

Geste de glisser de l'argent.

FANNY. — Mais non ! tu n'y es pas ! Mais c'est bien ce qu'il y a de terrible ! Ils sont sincères !

NEWTE. — Oh ! Nom de... Bonté divine !

FANNY. — Ils sont sincères, te dis-je ! Ce sont les « fidèles gardiens de la tradition », échappés du mélodrame. Ils passeront dix-huit heures par jour à m'empoisonner, uniquement pour remplir leur devoir envers la famille qu'ils servent ! Aucun intérêt qui les guide ! Ils sont « comme ça » !

NEWTE. — Et le petit ? S'il leur parlait un peu rudement ?

FANNY. — Vernon ? C'est eux qui lui ont donné sa première fessée. Comment veux-tu qu'il oublie ça ? Non ! Non ! On n'en sortira pas ! On n'en sortira pas ! Il faut tout casser !

NEWTE. — Mais ça va se tasser tout ça... Ces gens-là, que le diable emporte, tes Bennett enfin, ils ont bien un peu de bon sens ? Un grain, une miette, enfin ?

FANNY. — Je ne m'en suis jamais aperçue, quant à moi.

NEWTE, *riant*. — Tu es peut-être mauvais juge, Fan ? On doit pouvoir leur faire entendre raison. Et puis... écoute. Plus tard, beaucoup plus tard, tu pourrais raconter à Vernon, avec quelques précautions, qu'un savant héraldiste — qu'est-ce qui te fait rire ? — a découvert que les Bennett et toi vous étiez vaguement parents. Voilà qui est simple, clair, magistralement raisonné, hein, enfin ? Voyons !

FANNY. — Tu es épatant, George. Tu as une façon de présenter les monstres qui leur donne un petit air léché et fréquentable... tout à fait gentil...

NEWTE. — Oui, f...-toi de moi, va...

FANNY. — Mais non, mon vieux chou, tu es un vrai copain. Tiens, j'aurais mieux fait de t'épouser, toi. Au moins, on aurait été matchés tous les deux.

Newte. — C'que cette jolie petite bouche peut dire de bêtises !… C'est un bon engagement que je t'ai procuré là, mon petit coco… Tu le sais bien, sans ça, je ne te l'aurais pas laissé signer !

Fanny. — Pauvre vieux ! Tu n'as même pas touché de commission !

Newte. — Les dix pour cent de ton bonheur, mon loup. Mon intérêt, c'est que tu en aies beaucoup.

Fanny. — Oui ? Alors, repasse plus tard. En ce moment, le théâtre ne fait pas le sou…

Elle est mélancolique.

Newte. — Bah ! Bah ! Nous aurons un succès, crois-moi, mon petit gas. Il y a des pièces qui partent lentement… *(Il se lève.)* Allons, au revoir.

Fanny. — Comment, tu pars ? Tu ne restes pas dîner avec nous ?

Newte. — Pas aujourd'hui, Fanny. Merci.

Fanny. — Oh ! je t'en prie. Si tu ne le fais pas, ils vont croire que je n'ai pas osé t'inviter.

Newte. — Tant mieux ! Qu'ils te croient dominée, terrorisée. Ça n'ira que mieux ! Ah ! quel malheur que tu n'aies aucun sens de la diplomatie !

Fanny, *furieuse.* — Je déteste la diplomatie ! *(Newte rit.)* Comment vont les copines ?

Newte. — Le numéro ? En pleine forme ! Tout le lot est à Londres, au Palace, tu sais bien…

Fanny. — Qu'est-ce qu'elles ont dit de mon mariage ?

Newte. — Ça ! Elles en ont parlé, je t'assure. Canada en était malade.

Fanny. — Canada… c'est Gerty ! Gerty qui est si jalouse !

Newte. — Elle l'a été surtout quand elle a su qui tu épousais !

Fanny. — Tu le lui as dit ? Tu as bien fait. Qu'au moins ça ait servi à ça… Qui est-ce qui me remplace ?

Newte. — La nouvelle Irlande. C'est une grande fille blonde, un peu maigre, pas maladroite. Oh ! ça n'est pas toi ! Cette Irlande-là ressemble trop à Australie, C'est un non-sens géographique !

Fanny. — Australie qui entrait troisième par ordre alphabétique après Angleterre qui avait mal au genou droit et Archipel malais qui ressemble à un gros baby. Tout ça, vieux George, tout ça ! *(Mélancolie.)* Tiens, donne-leur ça de ma part. *(Elle se jette à son cou et l'embrasse.)* À toutes, George, à toutes, même à Canada !

Newte, *ému*. — Oui, Fan !

Fanny, *à Newte*. — Tu reviendras me voir ?

Newte. — Tout le temps, Fan ! Tout le temps ! On ne verra plus que moi ! Et souviens-toi, hein ? Le mot d'ordre est « Diplomatie ». *(Ils sont près de la porte.)* C'est compris ?

Fanny. — On tâchera ! N'oublie pas d'embrasser les copines.

Newte *prend Fanny par la taille et la soulève à bout de bras.* — Sois tranquille ! Au revoir !

Mrs Bennett est entrée.

Fanny, *femme du monde, reconduit Newte.* — Au revoir, cher ami…

Fanny, *quand Newte est sorti, à Mrs Bennett.* — C'est peut-être pas comme ça qu'on prend congé des visiteurs ?

Mrs Bennett, *sans s'arrêter à l'ironie.* — Nous espérons tous qu'avec du temps et de la patience nous arriverons à remédier aux effets de cette déplorable éducation. *(Componctueuse.)* Soyez bien persuadée que nous ne songeons qu'à vous.

Fanny. — Voilà ! Justement ! C'est tout à fait mon sentiment. Vous vous surmenez. Vous en faites trop pour moi… Et vous n'êtes pas déjà en si bonne santé, ma tante. Vous verrez : vous paierez ça d'un bon petit ébranlement nerveux ! Ce qu'il vous faut à tous, c'est un bon grand mois… ou deux… au bord de la mer… ou… ou en Écosse…

Mrs Bennett. — Votre sollicitude à notre égard s'exprimerait de meilleure façon par un souci plus grand de vos devoirs.

Fanny, *voyant entrer Bennett, Honoria et Ernest.* — Allons bon ! Qu'est-ce que j'ai encore fait ! V'là toute la troupe !

Bennett, *à Ernest.* — Fermez cette porte. *(À Fanny.)* Asseyez-vous. *(Fanny obéit. La scène prend une allure de tribunal avec Bennett président, Ernest accusé, Fanny complice et les autres Bennett partie civile.)* Reportez votre esprit à la minute où, l'indicateur des chemins de fer en mains, vous vous disposiez avec l'aide de votre cousin Ernest à courir les routes, sans être vue, à la rencontre d'une personne que vous aviez appelée par dépêche à une heure où, précisément, vous saviez que votre mari serait absent.

Fanny. — On ne peut rien vous cacher !

Bennett. — Comme votre cousin vous rappelait qu'on ne peut sortir de la maison sans passer devant la demeure du jardinier, son père et votre oncle... Jusqu'ici est-ce exact ?

Fanny. — Scrupuleusement.

Bennett. — À ce moment... Oh ! je n'ai pas relevé la chose immédiatement, car je voulais douter de mes propres oreilles ! Hélas ! Ernest, — où êtes-vous, monsieur ? — Ernest, pressé par moi, a avoué lui-même avoir entendu ! Vous avez employé une expression...

Fanny. — Oh ! quelle histoire ! Quoi ? J'ai dit : « Crotte ! » *(Les deux femmes frissonnent.)* Je suis navrée de vous mettre dans cet état. Si vous connaissiez mieux la belle société, vous sauriez que des dames tout à fait bien, vraiment, quand elles sont un peu énervées, disent très facilement « crotte ».

Mrs Bennett, *interrompant dans un cri.* — Elle croit se justifier !

Bennett. — Vous voudrez bien admettre que je suis meilleur juge que vous en ce qui concerne les expressions que les dames de la haute société peuvent se permettre en de certaines circonstances ! *(Avec effort.)* Quant à cet homme... ce... Newte...

Fanny. — Cet homme ! Mais il a agi envers vous comme le meilleur des amis ! S'il n'était pas venu, c'est une tout autre chanson que vous entendriez ! Car je vous le jure, tous les vingt-trois que vous êtes...

Mrs Bennett. — Quelle chanson, s'il vous plaît ?

Fanny. — Vous le saurez quand il en sera temps.

Mrs Bennett. — Il n'y a rien à tirer de cette fille.

Bennett, *calmant sa femme d'un geste.* — Nous ne voulons pas désespérer de votre amendement. *(Il dépose un petit livre sur le bureau.)* J'ai là-dedans marqué marqué quelques passages, page 73 et page 7, dont il serait salutaire que vous vous imprégnassiez. Nous les étudierons ensemble dans le cours de l'après-midi. À tout à l'heure... Page 73... Nous allons, pendant ce temps, réunir quelques-uns des membres de la famille et chanter des psaumes rédempteurs. Ernest, avertissez tous ceux que leur service rend momentanément disponibles. Ensuite, vous nous rejoindrez... *(À Fanny, avant de sortir.)* Page 73...

Tous défilent devant elle et l'accablent du regard. Ils sortent.

FANNY, *seule, regarde le titre du livre, après avoir fait le geste de l'envoyer à la tête de Bennett qui est sorti.* — Le Manuel du pécheur... Je leur en donne du mal... *(Entre Vernon.)* Vernon ! Déjà de retour ?

VERNON. — Mais oui, petite chérie, nous étions partis si tard... nous n'avons vu que les deux dernières courses.

FANNY. — Vos tantes sont rentrées avec vous ?

VERNON. — Oui... Elles sont montées à leurs chambres... *(On entend les Bennett chanter un psaume.)* Qu'est-ce que c'est que ça ? Un concert ?

FANNY. — C'est la famille Bennett, aux prises avec les psaumes de la Rédemption... un drame horrible... Ils ont surpris un des plus jeunes membres de la famille dans l'action de jurer... Les meilleurs troupeaux ont leurs brebis galeuses...

VERNON, *qui a fermé la porte.* — C'est un type très bien que ce vieux Bennett, vous savez ? Et quels principes ! Ah ! on ne trouverait pas facilement de semblables serviteurs, à notre époque !

FANNY. — Vernon, vous ne trouvez pas que c'est un affreux égoïsme de conserver la collection pour soi tout seul ?

VERNON, *riant.* — Le fait est... Mais qu'y faire ? Aucun d'entre eux ne nous quittera jamais...

FANNY. — Oh ! ça, je ne crois pas. Ce qui m'étonne, c'est que, élevé par eux et les admirant comme vous faites, vous n'ayez jamais pensé à...

VERNON. — À... ?

FANNY. — Je vous l'ai dit déjà... A prendre femme parmi eux, Vernon.

VERNON, *stupéfait.* — Fanny ! *(Riant.)* Songez-vous qu'il n'est guère dans les usages qu'un lord Bantock s'en aille choisir une femme dans sa propre cuisine ?

FANNY. — N'est-ce pas parler un peu en snob, Vernon ?

Vernon. — Chérie ! Méchante chérie ! Vous savez bien pourquoi je ne pouvais songer à épouser personne, personne que vous ! Le destin m'a mis en présence de la plus séduisante, de la plus délicieuse petite femme de toute la création.

Fanny, *riant*. — Cette opinion-là, Vernon, combien de temps la conserverez-vous ?

Vernon. — J'y tiens, Fan ! Je crois bien que je la conserverai durant tous les jours qui me restent à vivre.

Fanny *l'embrasse*. — Cher ! cher chéri ! Vous n'imaginez pas, non, vous ne pouvez pas imaginer…

Vernon. — Quoi donc, mon oiseau ?

Fanny. — Combien une femme aime à être aimée par l'homme qu'elle aime !

Vernon. — J'imagine très bien ! Nous aimons tant aimer la femme que nous aimons !

Fanny. — À condition qu'elle ne soit pas la nièce de votre maître d'hôtel !

Vernon. — Encore ! Qu'un jour je parte avec la cuisinière, — oh ! ça s'est vu ! — vous en serez responsable, voilà !

Fanny. — Oh ! je suis bien tranquille. Vous n'oserez jamais. Le « monde » vous en empêcherait ! Vous avez si peur du « monde », vous, les hommes !

Vernon. — Peur salutaire ! Sublime peur ! Si vous saviez le nombre de bêtises que cela nous empêche de faire !

Fanny. — Vernon ? Encore un point de l'histoire des Bennett que je voudrais éclaircir. Aidez-moi.

Vernon. — Si je puis…

Fanny. — La dynastie n'a-t-elle pas compté parmi ses membres une nièce du vieux Bennett qui n'était pas une domestique, celle-là, et qui séjourna quelque temps à Bantock-Hall ?

Vernon. — Je vois qui vous voulez dire : la fille de la pauvre Rose Bennett qui s'était enfuie pour suivre une espèce de joueur d'orgue de Barbarie…

Fanny. — De joueur d'orgue de Barbarie ?

Vernon, *riant*. — Enfin, quelque chose qui ressemble à ça. C'était une étrange créature, cette petite. Son grand plaisir était de chanter de vieilles rondes françaises le soir, sur la place du village, devant tous nos paysans assemblés et muets d'admiration... Je crois que cet amusement-là aura abrégé de dix ans la vie du vieux Bennett. *(Il rit.)* Mais si c'est pour me reprocher de ne pas être tombé amoureux d'elle que vous me questionnez, camarade ! *(Il lève les mains.)* Je ne l'ai jamais vue. Quand elle vint, j'étais à Rome. À mon retour, elle était envolée...

Fanny. — Vernon... qu'aurait dit le monde si vous l'aviez épousée ?... Vous ne l'auriez pas été chercher à la cuisine, celle-là, puisqu'elle avait toujours obstinément refusé d'y entrer...

Vernon. — Mais quelle idée...

Fanny. — C'est pour savoir... Dites !

Vernon. — Mon Dieu ! Si j'y avais tenu assez fort pour que le monde l'adoptât, il aurait essayé d'oublier son origine un peu gênante. Ou alors le monde aurait fait le nécessaire pour que personne ne l'oublie. On pouvait se fier à lui pour ça !

Entre Bennett qui porte des fleurs.

Bennett. — Je ne savais pas que Votre Honneur était de retour.

Vernon. — Dites donc, Bennett, qu'est devenue cette petite, vous savez, la fille de la pauvre Rose ?...

Bennett. — Votre Honneur veut parler de cette enfant que nous essayâmes d'éduquer ici, pendant une absence que fit Votre Honneur ?...

Vernon. — Oui... et qui se sauva, je crois, un beau jour. En avez-vous eu des nouvelles ?

Bennett *regarde Fanny tranquillement et sur le ton le plus détaché.* — Les dernières nouvelles que j'ai eues, Votre Honneur, m'ont appris son mariage !

Vernon. — Tiens !... Bien mariée ?

Bennett. — Si l'on se place à son point de vue à elle, excessivement bien, j'ose le dire.

Vernon, *riant.* — Mais au point de vue de l'épouseur, c'est moins sûr, hein ?

Bennett. — Sait-on jamais... Cette personne n'était pas sans séductions. Son défaut principal, entre autres, venait de son manque absolu de discipline. On peut toujours espérer qu'il n'est pas trop tard et que le bon grain déposé par nous germera un jour, en dépit des mauvaises herbes foisonnant sur ce terrain abandonné.

Fanny bâille assez bruyamment.

Vernon. — Mais... vous croyez, Bennett, que l'homme qu'elle épouse sera de force à entreprendre ce... jardinage ?

Bennett. — Peut-être pas, mylord. Mais je sais qu'il a près de lui des gens zélés qui sauront ne pas manquer à leur devoir...

Vernon. — Brr ! Vous avez une façon d'envisager ce mariage un peu comme un séjour dans une maison de correction... Bennett, voulez-vous dire qu'on attelle la jument, je dois aller jusqu'à Melton... Venez-vous avec moi, chérie ?

Fanny *saute de joie*. — Quelle bonne idée !

Bennett. — Milady oublie sans doute que nous sommes aujourd'hui mercredi ? La coutume veut que lady Bantock, pendant son séjour à Bantock-Hall, soit chez elle le mercredi.

Vernon. — En effet, chérie. Si quelqu'un de nos amis venait, cela donnerait à causer. J'avais complètement oublié que nous étions à mercredi. Mais je ne serai pas long. À tout de suite. Je vais faire galoper la jument... *(Fanny se rassied.)* Au revoir, mon amour...

Fanny. — Au revoir, Vernon.

Vernon sort.

Bennett. — Vous trouvez ça intelligent ?

Fanny. — Quoi ?

Bennett. — De disserter avec lord Bantock sur les secrets les plus intimes de la famille ?

Fanny, *agressive*. — Pourquoi lui avez-vous dit que mon père jouait de l'orgue de Barbarie ?

Bennett. — Je ne me souviens même pas d'en avoir jamais mentionné l'existence à Son Honneur !

Fanny. — Mon père ! Mais si on pouvait dans ce pays faire la différence entre un artiste et un fabricant de notes en série, c'est lui, mon père, entendez-vous, qui aurait eu des Bennett à son service.

Bennett. — Nos idées diffèrent sur ce point. Je ne me sens pas d'humeur à en changer, non plus qu'à donner à lord Bantock des éclaircissements sur votre famille. Ne m'y forcez pas !

Fanny. — Parce que mon père — un grand musicien, monsieur

Bennett — a eu le malheur de choisir sa femme dans une famille de laquais !

BENNETT. — C'était votre mère !

FANNY. — Oh ! je ne l'oublie pas ! Pauvre maman ! Mais elle n'a jamais été des vôtres, elle non plus ! Une âme si fine, si indulgente...

BENNETT, *fureur concentrée.* — Assez ! Écoutez-moi, maintenant, ma petite fille. Le jour de votre arrivée, je vous ai prévenue : votre destin est entre vos mains. Souvenez-vous-en. D'un mot, j'abats votre château de cartes. Un mot, vous entendez, suffira pour que vous ne soyez plus aux yeux de mon maître qu'une femme menteuse, fourbe, intéressée, une aventurière... Laissez-moi parler ! La franchise ne doit pas vous faire peur ; dans les milieux que vous fréquentez, on ne prend guère de gants pour dire ce qu'on a à dire. Le très jeune garçon qui vous a, dans un regrettable emballement, épousée ne sait pas quel genre de femme convient à un homme de son rang. Comment le sauriez-vous vous-même ? Hier encore vous gagniez votre vie sur les planches d'un café chantant. Vous n'avez jamais approché la société, si ce n'est dans ces restaurants spéciaux où parfois elle se fourvoie...

FANNY. — Mais puisqu'il ne voulait pas épouser une femme de son rang ! Puisqu'elles l'assomment, les femmes de son rang ! Il me l'a répété vingt fois. C'est parce que je n'étais pas la poupée incolore et conventionnelle que vous rêvez de voir à ma place qu'il m'a choisie, qu'il s'est senti attiré vers moi.

BENNETT. — Oui, à vingt-deux ans, les hommes méprisent les conventions. Ce n'est que plus tard qu'ils donnent aux choses leur véritable nom. Croyez-vous donc, ma pauvre fille, que je sois resté pendant quarante ans debout, immobile, derrière la société sans y avoir appris quelque chose ? Ce que vous appelez une poupée incolore, le monde entier l'appelle avec moi une lady anglaise, c'est-à-dire le type le plus évolué d'une humanité supérieure. C'est à cela que nos efforts vous mèneront. Et vous parlez de laquais ? Mais si votre mère, ma pauvre sœur Rose, était vraiment issue d'une famille de laquais, le moindre espoir de relèvement vous serait à jamais interdit, entendez-vous ? Nous ne sommes pas des laquais. Nous servons !

Il a dit ça comme la Kundry de Parsifal !

Fanny, *un peu subjuguée*. — C'est parfait. Ne traitez pas mon père de joueur d'orgue et moi je ne vous appellerai plus laquais. Malheureusement, ça n'est pas ça qui nous fera sortir d'ennui !

Bennett. — Il est très facile de sortir d'ennui !

Fanny. — Oui... La soumission sans murmure aux mille et une volontés de mes domestiques... Merci bien !

Bennett. — Dites de vos parents, et la phrase sonnera mieux.

Fanny. — Moins bien ! Moins bien ! on peut se débarrasser de ses domestiques... *(À son bureau elle voit son chéquier et joue avec un instant.)* Sincèrement, oncle : vous ne trouvez pas que vous allez un peu fort, tous ? Je suis raisonnable. Je sais que j'ai beaucoup à apprendre. J'aurai de la reconnaissance pour qui voudra m'instruire. Mais vous voulez faire de moi un autre être, me transformer totalement, alors, non ! c'est impossible, voyez-vous !

Bennett. — C'est pourtant le seul moyen que nous ayons de vous venir en aide. On ne peut pas mettre du vin nouveau dans de vieilles bouteilles...

Fanny. — Oh ! je vous en prie ! Ne commencez pas à citer la Bible ! Vous n'obtiendrez rien de moi par ces moyens. Je ne puis être que ce que je suis ! je ne veux pas, surtout, être autre chose !

Bennett. — Il faudra pourtant que vous changiez si vous voulez vraiment tenir la place de lady Bantock, être la mère des lords Bantock qui sont à naître...

Fanny. — Et c'est vous qui, du matin au soir, sans répit, sans relâche, vous attellerez à cette tâche ! C'est vous qui ordonnerez ce que je mangerai, ce que je boirai. Et quand vous mourrez, cousin Simon prendra votre place. Et quand tante Suzannah mourra, ce sera, je pense, tante Amélie qui lui succédera. Et après Honoria, il y aura Alice et ses enfants et les enfants de ses enfants. Et la consommation des siècles arrivera avant qu'on ait vu ici la consommation des Bennett. *Amen !*

Bennett. — Avant cette époque vous aurez, je l'espère, acquis assez de bon sens pour avoir appris à nous être reconnaissante.

Il sort. Fanny, restée seule, va vers le portrait de lady Constance, qu'elle contemple.

Fanny, *au portrait*. — Oh ! madame ! comme je voudrais que vous me parliez !

ACTE II

La porte s'ouvre. Les Misses Wethrell entrent. Elles s'arrêtent, considérant Fanny toujours devant le portrait.

L'Aînée, *à sa sœur*. — Enfin, regardez, Édith… N'est-ce pas frappant ?

La Cadette. — Mais c'est vrai ! Mais c'est vrai !

L'Aînée. — Je m'en étais aperçue dès la première minute ! *(À Fanny.)* Votre ressemblance, chérie, avec lady Constance, elle est… prodigieuse !

Fanny. — Vous trouvez ?

La Cadette. — Étonnante ! L'expression, tenez ! Quand vous avez votre air sérieux.

Fanny. — Alors, je vais tâcher de l'avoir plus souvent, tantes ! Votre promenade n'a pas été bien longue !

L'Aînée. — Nous étions parties si tard ! Nous avons tout de même assisté à deux belles courses !

Elles s'assoient à la table. Un temps. Honoria apporte le plateau du thé et le dépose sur la table.

La Cadette. — Je ne crois pas qu'il vienne quelqu'un, cet après-midi.

L'Aînée. — C'est peu probable. La Société est encore à Londres à cette époque !

Fanny. — Ce n'est pas moi qui m'en plaindrai !

Elle verse le thé.

L'Aînée. — Mais nos amis vous plairont sûrement, Fanny !

La Cadette, *à Fanny qui apporte le thé, prenant sa tasse*. — Et ils vous apprécieront tous, j'en suis bien sûre.

Fanny. — Je l'espère aussi.

Fanny passe les gâteaux.

L'Aînée *en prend un*. — Bennett (*Elle a fait sentir sur ce nom l'autorité qui s'y attache.*) me disait encore hier que de grands espoirs peuvent être, à son avis, fondés sur vous !

La Cadette, *se servant*. — Merci, chérie ! *(Très digne.)* Et… vous savez que Bennett en ces matières…

L'Aînée. — Je l'ai aussitôt répété à Vernon. Si vous aviez vu sa joie !

Fanny *fronce les sourcils.* — Vernon ? Lui aussi ?

L'Aînée. — Ah ! c'est qu'il attache une grande importance à l'opinion de Bennett !...

Fanny. — Je suis contente de savoir que je donne satisfaction.

La porte s'ouvre. Le Docteur Freemantle entre.

Le Docteur, *il leur serre la main.* — Comment allons-nous, depuis tout à l'heure ? Bien ? Je m'en doutais. Savez-vous ce que je vais faire ?

Les Misses. — Non, cher docteur...

Le Docteur. — Je vais intenter un procès à lady Bantock. Pour exercice illégal de mon art. Depuis son arrivée... *(Il lui prend la main.)* personne ici n'a plus besoin de moi. *(Tous rient.)* Ah ! cette chère petite dame a été une bien grande surprise pour nous. *(On rit.)*

La Cadette. — C'est une chère petite fille.

L'Aînée. — Bennett disait hier...

Fanny près de la table où elle sert le thé au Docteur.

Fanny. — Tante chérie, serait-il tout à fait impossible de laisser Bennett où il est ? Quelques instants seulement !

Le Docteur. — D'autant plus qu'il n'a pas l'air d'y être mal ! On passe en bas un agréable quart d'heure !

La Cadette. — Comment cela ?

Le Docteur. — Vous ne le saviez pas ? Il semble y avoir une charmante, bien qu'un peu tapageuse réunion, à l'office. J'ai assisté au moment où j'arrivais à un défilé gracieux et bien réglé de jeunes beautés descendues d'un char à bancs !

La Cadette. — D'un char à bancs ?

Le Docteur. — Exactement du char à bancs de l'hôtel de la gare de Melton. Pour la circonstance, on l'a orné d'un magnifique écriteau en trois couleurs...

Fanny. — Des jeunes filles dans un char à bancs ?

Le Docteur. — Sur l'écriteau duquel on lit ces mots : « Notre Empire ! »

Fanny *dépose les gâteaux qu'elle tenait, traverse la pièce et va sonner, puis elle appelle.* — Ernest !

La Cadette. — Mais… Mais qu'est-ce que c'est ? Qu'y a-t-il, Fanny ?

Fanny. — Tout à l'heure, tante, je vous demande une minute. Ernest ? *(Ses manières ont changé. Une lumière est dans ses yeux qu'on ne connaissait pas. Entre Ernest. Fanny, à Ernest, sur le ton de la maîtresse de maison.)* Ernest, n'est-il pas venu des visites pour moi, aujourd'hui ?

Ernest, *hébété comme d'ordinaire.* — Des… des visites…

Fanny. — Oui ! des dames ?

Ernest, *au comble de la terreur.* — Des… da… dames ?

Fanny. — Je vous parle une langue connue. Efforcez-vous de comprendre. Une compagnie de jeunes dames n'a-t-elle pas demandé à me voir aujourd'hui ?

Ernest. — Il… elles… les jeunes dames sont venues… Et nous avons… Elles…

Fanny. — Où sont-elles ?

Ernest. — Elles sont… Nous avons…

Fanny. — Veuillez m'envoyer Bennett ! À l'instant même !

Ernest, content de s'échapper, trébuche dehors.

La Cadette. — Ma chérie…

Fanny. — Cher docteur, il nous reste deux excellentes tasses de thé. Présentez l'une à celle des misses Wethrell qui a de si beaux yeux. L'autre à celle qui a de si magnifiques cheveux. Elles n'oseront vous les refuser. Voilà ! Qu'est-ce que je disais ? Ah ! Bennett !

Bennett est entré.

Bennett. — Milady m'a fait appeler ?

Fanny. — Oui. J'apprends que des jeunes filles ont tout à l'heure demandé à me voir…

Bennett, *avec intention.* — Des jeunes filles ?

Fanny. — Oui.

Bennett. — On a mal informé Milady. Je n'ai pas aperçu aujourd'hui la moindre jeune fille.

Fanny. — Je me vois forcée d'en conclure, Bennett, que quelqu'un, du docteur Freemantle ou de vous, m'a dit un mensonge ?

Un silence.

Bennett. — Des personnes, de mise et d'allure tapageuses, ont prétendu être connues de Milady. Elles sont arrivées à Melton dans une grande voiture. Je leur ai fait servir le thé à l'office et me propose de veiller à ce qu'elles soient reconduites à la gare grandement à temps pour reprendre le train de Londres.

Fanny. — Faites monter ces jeunes filles. Leur thé leur sera servi ici.

Tous deux se sont exprimés avec un calme terrible.

Bennett, *un peu impressionné tout de même par le calme de Fanny.* — Les ladies de Bantock-Hall n'ont pas pour habitude de recevoir dans leur boudoir des filles de cirque…

Fanny, *froidement*. — Pas plus que celle de discuter avec leurs domestiques. Faites monter ces demoiselles.

Bennett. — Je préviens Milady…

Fanny. — Vous avez entendu mes ordres ?

La réplique sonne juste. Bennett a trop l'habitude d'obéir pour ne pas céder. Il cède farouchement. Il sort. Fanny n'est plus la même femme. Elle agit avec une certitude et une liberté étonnantes.

Le Docteur, *il semble assister à un match*. — Splendide, chère petite, splendide !

Fanny, *aux Misses terrifiées et ahuries*. — Mes chères tantes, elles ne resteront que quelques minutes. Je vous demande de les accueillir avec douceur, ce sont mes amies… *(Elle parle avec autorité. Douce, émue, au Docteur.)* Les petites camarades avec qui je faisais mon numéro. Nous avons parcouru l'Europe ensemble, unies comme les doigts de la main. Nous représentions l'Empire britannique. J'étais l'Irlande !

Le Docteur. — Turbulence et poésie !

Fanny. — Oui… Elles jouent à Londres en ce moment.

Le Docteur. — Ce soir ?

Fanny. — Le numéro passe vers neuf heures et demie. Tenez, docteur, cherchez-leur donc leur train de retour… *(Elle lui passe l'indicateur.)* Je les connais. Elles n'auront même pas songé à ce détail !

Le Docteur, *le nez dans l'indicateur*. — Ce sont certainement de jolies personnes.

Fanny. — Ça, je vous le garantis ! À Paris, on nous appelait les « Filles de John Bull ». Et vous savez, le vieux bonhomme n'avait pas à rougir de nous !

Bennett, *sur le seuil, annonce, crucifié*. — Notre Empire.

C'est l'invasion. Menées par Angleterre, les girls se bousculent, entrent en scène et mènent le tapage d'une récréation dans une école de garçons.

Angleterre, *avec un accent cockney très réussi*. — Hello ! Fan ! On s'embrasse ! Ah ! ma vieille, tu parles d'un après-midi ! Ce qu'on a pu rigoler en venant dans la guimbarde ! *(Fanny les embrasse et passe de bras en bras.)* Imagine-toi que ton vieux crabe nous avait dit que tu étais sortie !

Fanny. — Tu te rends compte ! *(Appelant.)* Bennett !

Archipel malais, *près de Bennett*. — Hop ! Vieux gentleman ! Fan vous cause !

Fanny. — Bennett ! *(Bennett s'approche.)* Emportez tout ceci et faites monter du champagne. Trois bouteilles.

Archipel malais, *petite bonne femme à voix perçante*. — Hooray !

Bennett, *qui se contient avec la plus grande difficulté*. — Je crois, Milady, que j'ai égaré les clefs des caves.

Fanny. — Un bon conseil : retrouvez-les bien vite. Et apportez d'autres gâteaux, n'est-ce pas ? Et d'autres fruits. *(Bennett cède.)* Et envoyez quelqu'un pour servir. Dites à Honoria de venir.

Un peu de silence s'était fait. Le bruit reprend de plus belle.

Angleterre. — Tu sais ce qu'il avait trouvé, ce phénomène ? Nous faire prendre le thé à la cuisine !

Fanny. — Oh ! ces vieux serviteurs fidèles, tu sais !

Australie, *qui se donne des airs aristocratiques*. — Une vraie plaie ! Ah ! mon chéri, nous en avions chez nous de ce modèle ! N'en parle pas ! Et tu sais : méfiance ! Si tu te laisses marcher dessus…

Angleterre. — Dis donc, Fan ! Tu sais qui a eu l'idée de cette visite ? C'est…

Toutes, *en chœur*. — C'est Judy !…

Australie, *un baby avec une voix rieuse*. — Ben oui, quoi ! On ne savait quoi faire de son après-midi !... Ils nous avaient collé une répétition et, une fois au théâtre, ils ont découvert qu'ils n'avaient pas besoin de nous.

Archipel malais, *voix aiguë*. — Toujours la même chose, ma chère !

Angleterre. — Des damnés fous, voilà !

Australie. — Alors, j'ai dit aux copines : on va aller faire une bonne blague à Fanny.

Fanny. — Ça ! Pour une bonne blague ! Tu peux le dire ! Mais, les autres ? Afrique, Nouvelle-Zélande, Écosse, pourquoi ne sont-elles pas avec vous ?

Angleterre. — Elles étaient pas convoquées à la répétition. Elles ne savent même pas que nous sommes venues. Ce qu'elles vont rager ?

Fanny. — C'est embêtant qu'elles ne soient pas venues... enfin... *(Elle embrasse Judy.)* Maintenant, aux présentations. Rangez-vous un peu ! Voici le docteur Freemantle, les misses Wethrell, mes tantes. *(Les Misses Wethrell évoquent assez bien des souris blanches qu'on présenterait à une compagnie de jeunes chats. Debout dans un coin, elles balbutieront des mots sans suite qu'on ne perçoit pas et s'accrochent l'une à l'autre désespérément. Le Docteur se dépense en petits saluts et à chaque présentation murmure : « Très flatté ! Très flatté ! »)* Maintenant, Ethel, à ton tour. Fais le manager. Tantes, docteur : voici mon amie Ethel qui joue Angleterre dans le numéro.

Le Docteur. — Très flatté !

Angleterre, *à Archipel Malais*. — Appelle le numéro !

Archipel malais, *voix perçante, avec l'accent des Champs-Élysées-Girls*. — Nioumérôs deux !

Angleterre. — Australie !

Australie salue.

Archipel malais. — Numéro trois.

Angleterre. — Irlande ! *(Irlande salue. Et ainsi de suite pour les numéros quatre, cinq qui sont : Canada, Archipel malais. L'appelée sort du rang, salue. Le Docteur murmure : « Très flatté. » Les Misses balbutient.)* Et... niuomérôs cinq...

ACTE II

Toutes. — Archipel malais !
Elles l'ont crié. Archipel malais salue.
Fanny. — Et voilà !
Angleterre. — C'est de la veine, hein, Fan, que nous soyons venues un jour que tu avais du temps de libre !
Archipel malais. — Mais, dis donc, tu as l'air moins fringuée qu'autrefois ? On ne te refuse rien, au moins ?
Fanny, *riant.* — Non, rassure-toi.
Canada, *une grosse fille avec une voix d'homme.* — J'ai été contente pour toi, tu sais, quand j'ai appris…
Fanny. — C'est gentil !
Canada. — Moi qui aurais parié que tu ferais un mariage stupide.
Fanny. — Merci ! Quelle idée !
Elle rit… jaune.
Canada. — Rudement contente de m'être trompée, tu sais.
Australie. — Maintenant, nous cherchons des lords déguisés dans tous les coins. Gerty a tourné l'autre jour autour d'un pompier qu'elle trouvait aristocratique… Tu pourrais pas nous dire à quoi on les reconnaît, les lords ?
Angleterre. — Tu sais que Sukey a rompu avec son amoureux…
Fanny. — Le jeune avocat ?
Angleterre. — Oui… C'était un avocat d'une espèce particulière. Il vendait des étoffes derrière un comptoir dans le strand. *(Tous rient.)* Quand Sukey a découvert ça, elle a été humiliée, tu comprends !
Archipel malais, *voix perçante.* — Pas ça du tout. Ce sont ses qualités morales qui ne répondaient pas à ses aspirations…
Rires. Entre Honoria avec des coupes sur un plateau. Ernest avec du champagne, des fruits et des gâteaux. Bennett fermant la marche, très pâle. C'est une procession lugubre au milieu de la gaîté générale.
Toutes *devant les rafraîchissements.* — Hip ! Hip ! Hooray !
Fanny. — Merci, Bennett ! Débarrassez le coin du bureau.
Angleterre. — Vas-y ! vas-y ! Te laisse pas intimider ! *(Aux*

autres.) N'oubliez pas qu'il faut rentrer en bon état ce soir, hé, les girls !… *(Au Docteur.)* Il y en a qui ne sont pas habituées au champagne, vous savez !…

Le Docteur. — Parfaitement. Pas trop pleins, les verres, Bennett…

Il va parler bas à Fanny.

Irlande. — C'est pas tout ça ! Combien de temps avons-nous avant le train ?

Angleterre. — Ça ! faut demander à Judy. C'est le chef de l'expédition. Hep ! Judy !

Australie, *qui a entendu.* — Le train, jeune personne, quitte la gare de Melton… *(Elle regarde la pendule et rit.)* Ah !…

Angleterre. — Qu'est-ce qu'il y a ?

Australie. — Y a que nous n'avons plus qu'un quart d'heure pour le prendre, le train !

Sauvage ruée vers les coupes. Brouhaha. Cris. Honoria est débordée. Le plateau de Bennett est en danger.

Angleterre. — Mes enfants, envolons-nous ! Pensez à ça : un quart d'heure !

Le Docteur, *pour dominer le tumulte, monte sur une chaise.* — Soyez sans inquiétude, mesdemoiselles ! Vous avez le temps, tout le temps. Un train part de Melton vers cinq heures trente-trois qui vous met à Londres à neuf heures.

Il s'aperçoit de sa position. Il saute à bas.

Angleterre. — C'est bien sûr, ça ?

Le Docteur. — Tout à fait sûr. Et la gare est à quinze cents mètres à peine.

Angleterre. — Ne le manquons pas, hein, les gosses ! *(Au Docteur.)* Gardez votre montre à la main, vous, vous serez un amour !

Durant tout ce temps, Fanny a joué avec une autorité, un tact et une grâce de « lady » son rôle de maîtresse de maison.

Fanny, *à Judy.* — Très réussie, ton expédition, Judy. Tu as l'étoffe d'un imprésario ! *(Se trouvant devant Irlande, à Angleterre.)* Veux-tu me présenter ?

Angleterre. — Mais c'est vrai ! Au fait ! Vous ne vous connaissez pas ! Miss Tetworth, notre nouvelle Irlande, lady Bantock. C'est bien ça, ton nom, hein, Fan ?

Fanny. — Oui. C'est un rôle charmant, n'est-il pas vrai ?

Irlande. — Vous savez… ça dépend de ce qu'on a l'habitude de jouer. Il y a une sacrée vieille ballade qui me change tellement des rags et des blues !

Fanny. — … ?

Irlande. — Oui… la reprise du chœur. J'ai l'impression qu'elles ne me suivent pas.

Fanny. — Mais ça n'est pas difficile du tout ! Il n'y a qu'à s'abandonner au rythme, avec les autres…

Le Docteur. — Essayez, pour voir, lady Bantock… La leçon profitera à tout le monde.

Fanny. — Ici ? Oh ! non… je n'oserais pas…

Angleterre. — Quoi ? Y a rien de changé ! C'est parce que le numéro n'est pas au complet ? On chantera plus fort, voilà tout. Je suis sûr que ces demoiselles seront charmées…

Les Misses *enchantées*. — Mais oui, certainement…

Irlande. — Puis, pour moi, ce sera une leçon.

Fanny, *que cela décide*. — Comme elle dit ça ! Mais vous devez être bien meilleure que moi. Enfin !…

Irlande est au piano. Fanny prend sa place deux pas en avant du groupe des girls qui, mains aux épaules, marquent le rythme. Les Bennett forment dans le fond une fresque scandalisée. Le Docteur jubile. Les Misses croient rêver. Ce qu'elle chante est une romance irlandaise reprise en chœur par les girls, — quelque chose de très doux et de très sentimental. Quand c'est fini :

Toutes. — Hurrah ! Fan !

Le Docteur. — Admirable. Si touchant. Si joliment expressif.

L'Aînée. — Adorable, chérie !

La Cadette. — Si romanesque !

Irlande. — Maintenant, madame, il me semble que je saurais.

Fanny l'embrasse.

Canada. — Parbleu ! Elle a des dispositions, tu sais. Je le lui dis toujours. Tout de même… ce n'est pas toi !

FANNY. — Bah ! On est toujours porté aux nues quand on n'est plus là, vous savez. Vous prendrez bien encore un peu de champagne ?

IRLANDE. — Merci.

LE DOCTEUR. — Maintenant, mesdemoiselles, je crois qu'il est temps !

ANGLETERRE. — Vite ! Vite, mes enfants !

Mouvement général.

FANNY. — Faudra revenir, n'est-ce pas, pour une journée, un dimanche !

CANADA. — Mon souvenir à Vernon, hein ?

FANNY. — Comme il sera navré de ne pas vous avoir vues !

ANGLETERRE. — J'espère que nous ne t'avons pas trop dérangée, Fan ?

Elle groupe son troupeau.

FANNY. — Tu plaisantes, chou ! *(Elle lui serre la main.)* Ç'a été très doux de vous revoir.

ANGLETERRE. — Allons ! mes canards ! Allons... dépêchez-vous... Au revoir, Fanny. *(Elle l'embrasse.)* On te regrette, tu sais.

FANNY. — Tu es gentille !

ANGLETERRE. — Le numéro ne se ressemble pas, c'est sûr. *(Toutes ont fait leurs adieux aux Misses, au Docteur.)* Et... *(Sur la porte.)* aucune chance de te voir revenir, je suppose ? *(Un temps.)* Après tout, qui sait ?

FANNY. — Oui... qui sait ? Au revoir !... Au revoir, toutes !... *(Émue, elle les regarde partir. Bennett descend derrière elles. Ernest débarrasse la table. Honoria reste immobile, avec une attitude de martyre. Fanny va à la fenêtre ouverte. Les voix des girls montent jusqu'à elle. On entend les rires à la cantonade s'éloigner peu à peu.)* Au revoir ! Au revoir ! Mais non, Gerty, vous avez le temps. Quoi ? Oui... naturellement, merci ! Au revoir ! *(Elle redescend en scène et regarde Honoria sur le point de sortir.)* Honoria ! Vous pouvez emporter ces verres ; Ernest va vous aider.

Bennett entre.

HONORIA. — Cela ne fait pas partie de mes attributions.

ACTE II

FANNY. — Vos attributions consistent surtout à obéir à mes ordres.

BENNETT, *que tout son calme a abandonné, d'une voix tremblante.* — Obéissez toutes deux aux ordres de Milady. Le reste me regarde. *(Honoria et Jane aident Ernest à remettre la pièce en état.)* Puis-je parler à Milady ?

FANNY. — Certainement.

BENNETT. — Je désirerais que Milady m'accordât un entretien particulier.

FANNY. — Je n'en vois aucunement la nécessité.

BENNETT, *au comble du désarroi.* — Milady n'oublie pas l'alternative dans laquelle…

Les deux Misses ont assisté à ce colloque un peu comme les trois enfants devaient écouter dans le saloir la conversation du boucher avec sa femme.

L'AÎNÉE, *dans un cri de terreur.* — Bennett ! Vous ne songez pas à nous quitter ?

BENNETT. — Mon devoir, miss Édith, sera décidé par l'entretien particulier que j'ai l'honneur de solliciter de lady Bantock.

LA CADETTE. — Vous y consentez, Fanny, n'est-ce pas ? Nous allons nous retirer et…

FANNY, *froidement.* — Je regrette. Je n'en ai pas le loisir.

L'AÎNÉE *intercède.* — En effet, Bennett, je crois lady Bantock un peu fatiguée… Demain…

FANNY. — Ni demain, ni un autre jour. *(Vernon entre, suivi de Newte. Fanny va à eux.)* Oh ! Vernon, vous avez manqué de bien peu d'anciennes amies à vous.

VERNON. — Je sais… Je suis navré…

FANNY. — George ! Comment es-tu là ?

NEWTE. — J'ai appris la brillante équipée de ces demoiselles, je suis venu leur dire ce que j'en pensais. *(Bas, à Fanny.)* J'ai aperçu le char à bancs au moment où je montais dans le train, à Melton ; suis revenu, un peu inquiet.

Vernon remarque quelque chose d'anormal dans l'attitude des divers personnages.

VERNON. — Mais, qu'est-ce qui se passe ?

Bennett. — Puis-je entretenir Votre Honneur quelques instants en particulier ?

Vernon. — Tout de suite ?

Bennett. — Tout de suite. Il s'agit d'une affaire grave et qui demande à être réglée sur l'heure.

Il a dit cela d'un ton ferme, respectueux, pressant.

Vernon. — S'il en est ainsi, Bennett, je suis à votre disposition. Venez par ici. *(À Newte.)* Vous permettez, ami ? Ce ne sera pas long.

Fanny. — Un moment ! *(Vernon s'arrête.)* Je puis rendre cet entretien inutile. *(À Vernon.)* Vernon, je suis, n'est-ce pas, la maîtresse dans cette maison ?

Vernon. — La maîtresse ?

Fanny. — Oui, c'est bien moi qui en suis la maîtresse, la seule maîtresse ?

Vernon. — Mais… naturellement, Fanny. Qu'est-ce que tout ceci veut dire ?

Fanny. — Vous allez le voir ! *(À Bennett.)* Priez Mme Bennett de monter jusqu'ici. J'ai à lui parler.

Bennett. — Je ne sais si Votre Honneur…

Fanny. — À l'instant même !

Bennett hésite, regarde Vernon, le voit décidé à soutenir Fanny et se résout à obéir. Fanny va au bureau, cherche des papiers, aligne des chiffres.

Vernon. — Mais qu'est-ce qui se passe ?

L'Aînée. — Elle est énervée, pauvre petite ! Elle vient de passer par une épreuve délicate…

La Cadette. — Bennett n'a pas approuvé qu'elle reçoive ses amies.

Newte. — Celles-là, elles vont savoir ce que je pense avant la fin de la journée !

Vernon. — Pourquoi fait-elle demander Mrs Bennett ?

L'Aînée. — Je ne sais pas, mon petit.

Vernon et ses tantes forment un groupe à part. Newte est un peu écarté. Le Docteur, isolé, se prépare à suivre avec intérêt la lutte.

Bennett entre, suivi de Mrs Bennett.

Mrs Bennett. — Milady m'a envoyé chercher ? Je suis aux ordres de Milady.

Fanny. — Parfait. *(Elle prend un papier sur le bureau.)* Ceci est le compte de ce qui vous est dû. Est-il exact ?

Mrs Bennett, *vérifiant*. — Tout à fait exact, Milady.

Fanny *détache un chèque*. — Vous trouverez ici deux mois entiers de gages pour tous. Je les ai réunis en une somme globale pour plus de commodité, payable au nom de votre mari. Le deuxième mois pour le préavis. *(Stupeur générale : Fanny remet le chéquier au tiroir.)* Je suis désolée d'avoir à prendre cette décision. Il le fallait. Le plus dur reste à faire. Allons-y…

Newte, *qui voit le danger*. — Fanny, il faut…

Fanny. — La paix, George ! Reste calme. *(À Vernon.)* Vernon, je vous ai trompé au sujet de ma famille.

Vernon. — Quoi ?

Newte. — S'il y a eu tromperie…

Fanny. — Laisse-moi parler ! *(À Vernon.)* Je… n'ai aucune parenté à l'étranger. Pas d'évêque ! Pas de juge ! Tout ça, comme ils disent en France : du vent !

Vernon. — Du vent ?

Fanny. — Mon oncle est Martin Bennett, votre maître d'hôtel. Mrs Bennett est ma tante. *(Les Bennett, en rang, sont parfaitement immobiles.)* Je ne rougis aucunement d'eux. S'ils avaient eu pour moi autant de considération que j'en ai pour eux, nous n'en serions pas où nous sommes, voilà ! *(Un temps.)* C'est tout… Je suis désolée…

Tout le monde reste interdit.

Vernon, *avec effort*. — Mais pourquoi avez-vous ?

Fanny, *dont le cœur crève*. — Ah ! parce que j'ai été folle… Parce que je vous… parce que c'est l'explication de bien des choses… *(À Bennett.)* Vous n'avez pas voulu comprendre ! Et j'étais si bien disposée… j'aurais fait la moitié du chemin. *(À Mrs Bennett.)* Je suis désolée. Ne soyez pas trop sévère pour moi. J'espère de tout cœur que cela ne vous causera pas un trop grand préjudice. Je vous aiderai : Les bons domestiques sont rares… Et… je vous donnerai un bon certificat... *(À Ernest.)* Au revoir, toi ! Nous avons toujours été copains, tous les deux, n'est-ce pas ? Au revoir, mon vieux, bonne chance ! *(Elle l'embrasse.)* Maintenant, tous, excusez-moi. Je voudrais être seule. Nous reparlerons de tout ceci demain matin. J'ai bien du chagrin. J'aurais tellement voulu trouver un autre moyen d'en sortir. *(Elle ne parvient plus à contenir ses larmes.)* Emmenez vos tantes, Vernon, voulez-vous ? Nous causerons demain matin. Je serai mieux en état de le faire. *(Elle l'embrasse. Au Docteur.)* Emmenez-les tous, docteur. Ils ne s'en iront jamais sans cela. Et dites-leur... expliquez-leur que... que ce n'est pas tout à fait ma faute et que... enfin vous saurez mieux que moi ! *(À Newte.)* George, mon pauvre vieux, tu n'as plus de train. Tu vas passer la nuit ici. Je te verrai demain matin. Demain matin tous. Demain, il fera jour.

Tous sortent. Newte s'est approché de Fanny. On sent qu'il voudrait lui faire un long speech. Mais un geste de Fanny l'en empêche.

NEWTE, *bougon.* — Bonne nuit, Fanny !

Il sort.

FANNY, *seule, va au portrait de lady Constance.* — Madame, j'ai bien compris, n'est-ce pas ? C'est bien ça que vous vouliez que je fasse ? C'est bien ça ? Alors, pourquoi ne l'avez-vous pas dit tout de suite ?

Elle tombe en pleurant sur la table.

RIDEAU

ACTE III

Même décor. Stores baissés. La scène est sombre.
La cheminée pleine de cendres. C'est le matin de bonne heure.

La porte s'ouvre doucement. Newte entre. Il va à la fenêtre en prenant les maladroites et bruyantes précautions d'usage pour ne pas faire de bruit. Il ouvre la fenêtre, lève les stores. Le soleil entre dans la pièce. Newte sort. Il rentre presque aussitôt apportant sur un plateau ce qui est nécessaire au déjeuner. Il sifflote. Ayant posé son plateau

ACTE III

sur la table, il enlève son veston et se met à genoux pour faire du feu. Entrée des Misses Wethrell : robes du matin, bonnets de dentelle, ridicules, identiques et charmantes. Elles avancent sans voir Newte caché par l'écran de la cheminée. Toutefois elles aperçoivent le veston sur une chaise et demeurent pétrifiées comme Robinson devant les traces de pas. Newte se lève ; elles poussent un léger cri et se disposent à battre en retraite.

NEWTE. — Pas besoin de vous sauver, chères demoiselles. Ça n'est que moi...

L'AÎNÉE. — C'est... ah !

Elle s'arrête.

LA CADETTE. — Monsieur Newte ! Ah !

Elles respirent.

NEWTE. — Quand on a voyagé en Pullman au travers de l'Amérique, chères demoiselles, avec une troupe d'opérette, on peut tout voir ! Vous voulez votre déjeuner, n'est-ce pas ? Je l'ai deviné. Alors nous allons le prendre dans dix minutes : thé, toasts, *porridge, eggs and bacon*... etc.

L'AÎNÉE. — Nous vous sommes bien obligées.

NEWTE. — J'ai une précieuse expérience du camping ! Puis... on va pouvoir causer tranquillement de ces événements, tous les trois, sans que personne nous dérange.

Il les a amenées à la table, elles se laissent faire.

L'AÎNÉE. — Nous n'avons pas dormi de la nuit...

NEWTE, *il fait sa cuisine.* — Personne, miss Wethrell. Personne... Pas fermé l'œil une seconde.

LA CADETTE. — Nous désirons parler à Vernon dès qu'il sera debout.

L'AÎNÉE. — Avant qu'il revoie Fanny...

LA CADETTE. — Nous avons quelque chose à lui dire.

L'AÎNÉE. — Quelque chose de très important.

NEWTE. — Moi aussi ! Moi aussi ! Mais, savourez-moi d'abord cette tasse de thé avant toutes choses. Faut calmer nos nerfs.

LA CADETTE. — Vernon n'est pas levé ? *(Newte fait signe qu'il l'ignore.)* Il faut absolument que nous lui parlions avant qu'il voie Fanny.

Newte. — Ça sera fait. Ça sera fait. *(Il verse le thé.)* Je suppose qu'ils dorment encore tous deux.

La Cadette. — Pauvre petit ! *(Le Docteur Freemantle entre.)* Si seulement elle n'avait pas...

Le Docteur. — J'étais bien sûr d'avoir entendu parler.

Newte. — Chut !

Il montre les deux portes.

La Cadette. — Que c'est aimable, docteur, de ne pas nous avoir abandonnées hier soir !

L'Aînée. — Nous étions si bouleversées !

La Cadette. — C'est là qu'on aperçoit le prix de l'amitié, cher docteur.

L'Aînée. — Avez-vous bien dormi, au moins ?

Le Docteur. — On ne peut mieux ! Je n'ai pas fermé l'œil, bien entendu.

Les Misses. — Oh !

Newte. — Chut !

Le Docteur. — Mais je serai tout à fait confortable quand j'aurai pu me raser.

Newte. — Ça ! J'allais le dire pour mon compte... *(Le pot au lait à la main.)* Du lait, chères demoiselles ? Voilà ! Et du sucre.

Le Docteur *s'est assis*. — Les Bennett sont partis ?

Newte. — Ma foi, ils en ont été priés dans les règles, hé !

La Cadette, *pleurnichant un peu*. — Mon Dieu ! Que nous sommes folles et sottes ! Nous n'avons jamais rien appris à faire par nous-mêmes !

L'Aînée. — Nous ne savons même pas où l'on range nos objets personnels !

Le Docteur. — Ces diables de Bennett ! Ils ne peuvent pas être partis d'un bloc tous les vingt-trois ! Aurait fallu un autocar ! *(À Newte.)* Vous n'en avez pas vu un seul ? Ni vous, misses ?

Newte. — En bas, je n'ai pas rencontré une âme. Le désert. Le désert sans ses hôtes habituels...

Le Docteur. — Ils sont sûrement quelque part. Peut-être pas encore levés. Il est à peine sept heures.

La Cadette. — Mais ils ont été remerciés ! On ne peut pas leur demander quoi que ce soit !

L'Aînée. — Cela ne serait pas digne !

La Cadette, *épouvantée soudain*. — Oh ! Alice ! Les Grimstone !

L'Aînée. — Oh ! Mon Dieu, c'est vrai ! Les Grimstone qui viennent déjeuner avec le nouveau pasteur ! Vernon les a invités dimanche !

La Cadette. — Peut-être reste-t-il un peu de viande froide en bas ?

L'Aînée. — Vernon déteste les déjeuners froids !

Newte. — Mesdemoiselles, ne nous tracassons pas pour les Grimstone ! Ils feront camping avec nous ! Ils ne doivent pas détester un peu de fantaisie, les Grimstone ! Vernon leur ouvrira une boîte de corned-beef.

Le Docteur, *à Newte*. — Avez-vous pu causer avec Vernon, hier soir, monsieur Newte ?

Newte. — Je l'ai attendu jusqu'à ce qu'il rentre, à deux heures du matin.

Le Docteur. — Alors ?

Newte. — Heu ! Il m'a dit qu'il ne se sentait pas d'humeur à bavarder. Il m'a serré la main et il est entré dans sa chambre.

Le Docteur. — À moi non plus, il n'a rien voulu dire. Oh ! c'est mauvais signe !

Newte. — À votre avis, que va-t-il faire ?

Le Docteur. — Aucune idée là-dessus. L'embêtant... Je veux dire, ce qui est fâcheux, c'est que cette histoire va se colporter à travers le pays.

L'Aînée. — Et Vernon est si sensible !

Le Docteur. — Ah ! ça devait arriver ! Le malheur, voyez-vous...

Newte. — Le malheur ! Le malheur, c'est que les gens ne se résignent pas à rester dans leur propre sphère. Je vous demande ce qui poussait un lord Bantock à venir rôdailler autour de ma troupe de girls. C'est pas fait pour aller dans le même panier, ces oiseaux-là et ce personnage ! Voyez ma Fanny : elle se débrouillait tout à fait gentiment, cette gosse. Elle pouvait épouser un brave type qui aurait fait d'elle le cas qu'elle méritait sans qu'il y ait autour d'elle ces damnés imbéciles dont nous redoutons bêtement l'opinion. Pourquoi, enfin, pourquoi, non, dites un peu, pourquoi est-ce qu'il ne l'a pas laissée tranquille ? Enfin !

Il est très surexcité.

Le Docteur, *calme et souriant*. — Eh ! pardi ! Parce qu'il n'était ni aveugle, ni sourd, ni fou ! N'importe qui à sa place…

Newte. — Bon ! Admis ! Alors, qu'il reste à ses côtés fermement, chiquement. C'est pas une catastrophe d'être la nièce d'un maître d'hôtel. J'ai engagé, moi qui vous parle, une jolie fille dont le père était le bourreau de Londres ! C'est quelque chose, ça ! Mais c'est-à-dire que si Vernon a encore dix grains de bon sens il remerciera le Ciel que ça n'ait pas été pire ! Ça pouvait ! Ça, je vous en réponds, ça pouvait !

Le Docteur. — Je ne prends aucunement le parti de Vernon, monsieur Newte. D'ailleurs, rien jusqu'ici ne nous autorise à croire qu'il en aura besoin. Il a épousé une fille charmante, intelligente, dont la famille, mon Dieu… dont la famille, comme vous dites, aurait pu… être pire. Ce qui est malheureux, ça n'est pas que son oncle soit maître d'hôtel. À la rigueur, n'est-ce pas… C'est seulement que *son* maître d'hôtel soit son oncle…

Newte. — Si elle suit mes conseils, elle reviendra au théâtre, voilà ! On ne reste pas dans une maison où l'on n'a pas besoin de vous.

Le Docteur, *pour dire autre chose*. — Un œuf, mademoiselle Alice ?

Car Newte, tout en discourant, a fait cuire des œufs sur un réchaud d'argent analogue à ceux des maîtres d'hôtel de restaurant.

L'Aînée, *refusant*. — Merci !

La Cadette. — Nous n'avons pas faim.

L'Aînée. — Vernon en était si épris !

La Cadette. — Elle était si jolie !

L'Aînée. — Si raisonnable !

La Cadette. — On n'aurait jamais deviné qu'elle était actrice !

L'Aînée. — Oh ! si seulement elle n'avait pas…

Par la porte de l'extérieur, entre Bennett. Il est vêtu comme à l'ordinaire pour le service. C'est le Docteur qui l'aperçoit le premier. La stupeur qu'il en éprouve fait se retourner les Misses et Newte. Un si-

lence. *Bennett est descendu en scène. C'est à nouveau le maître d'hôtel idéal. Rien, semble-t-il, ne s'est passé.*

Bennett. — Bonjour, miss Wethrell. Mes respects, miss Édith. *(Aux deux hommes.)* Messieurs, votre serviteur. J'ignorais que le déjeuner dût être servi plus tôt que de coutume, sans quoi il eût été prêt.

La Cadette. — Nous n'en doutons pas, Bennett, croyez-le bien.

L'Aînée. — Seulement, n'est-ce pas, étant donné les circonstances, nous...

La Cadette. — Nous hésitions à vous déranger.

L'Aînée. — Voilà !

Bennett, *qui s'est déjà utilement employé à rétablir l'ordre.* — Mon devoir, miss Édith, ne saurait en aucun cas être considéré par moi comme un dérangement.

L'Aînée. — Nous le savons, Bennett...

La Cadette. — Certainement !

L'Aînée. — Vous avez toujours été la conscience même ! Seulement, après ce qui est arrivé...

La Cadette. — Ces malheureux incidents...

Elles sont encore sur le point de pleurer.

Bennett. — Keziah m'a chargé de présenter ses excuses à ces demoiselles. Elle n'a pas entendu la sonnette. Dans quelques minutes, elle se tiendra à la disposition de ces demoiselles. *(Au Docteur.)* Docteur, vous trouverez sur votre table de toilette tout ce qu'il vous faut pour vous raser.

Le Docteur. — Très obligé, Bennett !

Ernest fait une entrée ahurie (c'est son habitude) en apportant le bois pour allumer les feux.

Bennett, *à Ernest.* — Ne vous occupez pas du feu pour le moment. Emportez ce plateau. *(Ernest sort. Bennett, s'adressant aux Misses et à Newte.)* Le déjeuner sera servi dans la salle à manger dans un quart d'heure à peine.

Newte, *qui fut successivement étonné, agacé, indigné, explose en voyant sortir sa cuisine.* — Non, mais ! Non, mais ! Non, mais ! Qu'est-ce que c'est ça, mon garçon ? Un sketch, hein ? Un numéro ? Mal réglé, entendez-vous ? Ça ne me fait pas rire !... Vous avez été hier congédié par votre maîtresse, lady Bantock, vous vous en souvenez ? Et vous l'aviez cent fois mérité, entendez-vous ? Qu'est-ce que vous voulez nous prouver en faisant comme si vous l'ignoriez ? Va-t-on méconnaître les ordres de lady Bantock dans sa propre maison, hein ? La traiter comme si elle n'existait pas, hein ? La mépriser, hein ? Parlez clairement…

Bennett, *imperturbable*. — Monsieur Newte, votre bain est prêt.

Newte, *quand il a cessé de s'étrangler de fureur*. — S'agit pas de mon bain… s'agit de vous… s'agit de ne pas emporter mon déjeuner… J'ai faim, moi, monsieur Bennett ! On a oublié de dîner dans cette maison, hier soir, à cause de vous… On s'est nourri d'insomnie et d'expectative, par ici… même avec l'air de la campagne, c'est pas assez !

Vernon, *traits tirés, yeux caves*. — Bonjour, tous… Bennett, puis-je avoir mon déjeuner ?

Newte, *triomphant*. — Ah !…

Bennett. — Une dizaine de minutes, tout au plus, mylord. Je le ferai monter ici.

Vernon. — Merci.

Il répond, machinal, aux baisers de ses tantes.

Newte, *à Vernon*. — Puis-je vous dire un mot ?

Vernon. — Dans un instant, monsieur Newte, si vous voulez bien.

Le Docteur *prend congé*. — N'oubliez pas que Marc-Aurèle a dit…

Vernon. — J'y pense, docteur. Ne pense qu'à ça. Bon vieux type, Marc-Aurèle.

Le Docteur, décontenancé, regarde les Misses, puis Vernon et se retire résigné. Les Misses s'approchent alors de Vernon, s'encourageant l'une l'autre de mêmes signes de tête. Quand elles sont près de lui :

L'Aînée. — Elle est si jeune !

La Cadette. — Si docile !

L'Aînée. — Si jolie !

Vernon, *la tête dans ses mains*. — Ah ! tantes ! Quelle désillusion !

La Cadette. — Vernon, ne pensez qu'à cela : qu'auriez-vous fait

si elle vous avait dit tout de suite…
Vernon *la regarde et très ému.* — Ce que j'aurais fait ?
Les Misses, *ensemble.* — Oui !
Vernon, *bas.* — Je ne sais pas !
Un temps.
L'Aînée. — Écoutez-nous, Vernon… Nous voulons… C'est-à-dire… nous désirons…
La Cadette. — Oui, il y a quelque chose qu'il faut que nous vous disions.
Vernon les regarde.
L'Aînée. — La première lady Bantock…
La Cadette. — La mère de la mère de votre mère…
L'Aînée. — Celle qui dansa avec George III…
La Cadette. — Eh bien, Vernon chéri, elle était la fille de… *(Avec effort.)* d'un boucher…
L'Aînée. — Et d'un boucher qui avait une très petite boucherie, Vernon… toute petite, vraiment ! Nous ne le disons jamais à personne.
La Cadette. — Mais il nous a paru que vous deviez le savoir aujourd'hui.

Et elles sortent doucement. Newte est resté au fond pendant la brève conversation des Misses Wethrell et de Vernon. Après leur sortie, il se promène de long en large, tandis que Vernon, maussade et silencieux, est assis dans le fauteuil. Newte est embarrassé, de l'embarras particulier d'un homme qui veut placer son couplet.

Newte. — Quelle heure est-il ? *(Vernon ne répond pas. Newte a sorti sa montre.)* Il est si tôt que ça ?… C'est bien ce que je pensais, j'avance… *(Un temps.)* Quel calme à la campagne la nuit, hein ? Longtemps que je n'avais vérifié cette tradition… *(Il sort un cigare de sa poche.)* Je suppose qu'on peut fumer, maintenant, hein ?
Vernon, *lointain.* — À votre aise !
Newte, *il fume.* — Oui… le calme des champs ! On en parle toujours…Mais c'est tout autre chose à ressentir ! Ici, rien. Pas de violoncelle comme dans les nocturnes de théâtre… Pas de vent… Pas d'oiseaux !… Ah ! c'est ça qui doit être agréable quand on dort ! *(Un silence.)* J'ai eu le temps de m'en rendre compte ! *(Silence.)* En re-

grettant de n'en pouvoir profiter...

VERNON, *distrait*. — Vous n'avez pas bien dormi, monsieur Newte ? Pour la première nuit que vous passez sous mon toit, j'en suis navré...

NEWTE. — J'étais nerveux... Comme la veille d'une générale... ou plutôt non : comme au lendemain d'une pièce qui n'a pas marché. L'atmosphère ambiante... un peu agitée... hé ? C'est le moins qu'on en puisse dire... Agitée est même faible... Ah ! ce fut du beau grabuge ! Bien réglé, je m'y connais. Et comment l'aurait-on empêché, dites ! L'aveugle main de la fatalité était sur nous ! Elle a été héroïque, la petite Fan... tout simplement.

VERNON. — Je vous en prie !

NEWTE. — Si ça arrangeait quelque chose que je prisse tout sur moi, je le ferais... Je me rends bien compte que ce n'est pas une panne que j'ai jouée ! J'ai fait des gaffes splendides ! Ah ! mais oui ! somptueuses ! Des gaffes comme ça, on peut en être fier quand on a le sentiment du sublime ! Mais j'ai obéi à des mobiles très nobles. De l'affection pour elle ; pour vous, de la sympathie, et ma sacrée confiance en moi !

VERNON. — Je sais... je sais...

NEWTE. — Il est clair que Fan aurait pu tout éviter en énumérant, en étalant, en dressant le catalogue de tous les Bennett qu'on possédait. Ça faisait une bien belle collection ! Mais ça ne se met pas dans une corbeille de mariage, un lot pareil ! C'était la séparation tout de suite, sans phrases. Et alors, il n'y avait plus de pièce !

VERNON. — Vous dites ?

NEWTE. — ... Je veux dire : Fanny a voulu défendre sa chance. Elle a bien fait. Je l'approuve. Vous réalisez mieux ce qu'elle pouvait être pour vous ?... Il y a un avantage certain à bien connaître les raisons qu'on a de souffrir...

VERNON. — Monsieur Newte, par pitié !

NEWTE. — Oui, oui... J'ai fini... *(Un silence.)* Et vous savez, pas d'inquiétude à avoir pour Fanny. Son pain est cuit. Avec les dons qu'elle a. Tous : c'est simple. Plus un qu'on n'acquiert pas : le charme.

VERNON. — Le charme !

NEWTE. — Hein ? Le charme de Fanny... Ça existe, ça ! Mais elle m'a étonné moi-même hier ! Et c'est difficile. Quel abatage, quelle vie, quelle sincérité ! Oh ! elle ira loin, vous verrez ça. Elle aime son métier. Elle l'aimera encore bien davantage quand il l'aura sauvée. Car il la sauvera ! Oh ! ça sera dur, au début... faudra la traîner. Notre Irlande aura des larmes plein les yeux, ça ajoutera à la ressemblance... Et puis ça se tassera peu à peu... plus vite qu'on ne pense, même...

VERNON. — Ah !

NEWTE. — C'est que c'est magique, vous savez : la poussière du plateau, l'odeur de colle des décors, le grand zim ! la ! la ! du jazz derrière la toile : un bruit sentimental : ça rigole, mais il y a toujours un saxophone qui pleure dans un coin.

VERNON. — Voilà... elle oubliera...

NEWTE. — Et vous aurez de ses nouvelles par les journaux... par les affiches où elle aura un nom grand comme ça... par les photos des magazines... par les conversations au club... par les disques du phonographe... On parlera d'elle, allez... je m'en occuperai !...

VERNON. — Oui... maintenant c'est vous qui...

Il a la voix tremblante d'un enfant malheureux.

NEWTE, *persuasif.* — Et, qui sait ? Quand tout ça sera apaisé, lointain, un soir, un beau soir de première, vous vous mêlerez à la foule des complimenteurs. Vous irez la saluer dans sa loge, comme l'hiver dernier, aux Folies... Allez, je la connais : elle vous recevra bien. Il y aura sûrement une petite place pour vous, à part... Vous parlerez du passé... du vieux cher court passé ! Tout ça entre deux changements de costume, pendant que l'habilleuse dira des gros mots et que le régisseur aboiera à la porte. Ça sera poétique !... ça sera photogénique !...

VERNON, *n'y tenant plus.* — Monsieur Newte, assez... assez... C'est plus que je ne puis supporter... Je vous demande de me laisser... de me laisser seul...

NEWTE. — J'ai toujours su sortir à temps. Au revoir, lord Bantock.

VERNON. — Au revoir.

NEWTE. — Et ne vous trompez pas sur moi : j'ai agi en ami toujours... en ami plus ou moins adroit... un peu énervant, enfin... on fait ce qu'on peut... il y a une chanson qui dit : « J'ai envie de l'embrasser et de le f... par la fenêtre. » C'est assez ça, hein ?

Vernon. — Au revoir, monsieur Newte !

Newte. — Au revoir... Dites à Fanny que je suis à sa disposition pour toutes décisions qu'elle aura à prendre... Elle sait où on me trouve... Waterloo Bridge, toujours. Je vais envisager sa position, dresser mes batteries, câbler pour les dates. Mais je ne veux rien faire sans la consulter.

Vernon, *excédé*. — Oh ! Oh !

Newte. — Oui, je vois, je sais ce que c'est. Au revoir, lord Bantock... Quand je pense que je vous appelais Vernon il n'y a pas si longtemps à Paris. On a bien rigolé tout de même, hein ? Le numéro était bon. Elles étaient de chics copains, les petites... et... et je n'ai pas demandé de dédit quand vous m'avez enlevé l'Irlande, comme ça : hop ! Si vous croyez que ça se trouve sous les fers d'un cheval, une Irlande. Quel doigté ça demande !... Tu te rends compte !... Au revoir, Vernon. Adieu. *Cheer up ! boy !* au revoir... J'ai toujours su sortir à temps...

Il sort. Vernon, resté seul, marche de long en large. Il aperçoit le portrait de lady Constance et s'y arrête, les mains dans les poches. Vernon dit : « Constance ! » Il le considère longuement. Il entend du bruit dans la chambre de Fanny et s'éloigne vivement de la porte qui s'ouvre. Fanny entre, habillée comme pour partir. Elle s'arrête. Vernon se retourne, la regarde. Fanny, d'un air décidé, ferme la porte et descend en scène.

Vernon. — Bonjour, Fanny.

Fanny, *descend en scène*. — Bonjour... George... M. Newte a passé la nuit ici, n'est-ce pas ?

Vernon. — Oui, il est en bas.

Fanny. — Songe-t-il à partir tout de suite ?

Vernon. — Il ne le pourra guère avant trois heures d'ici, le prochain train est à dix heures... Avez-vous déjeuné ?

Fanny. — Je crois...

Vernon. — Comment, vous croyez ?

Fanny. — Oui... il me semble... Ça n'a aucune importance...

Vernon. — Fanny... pourquoi me demandez-vous l'heure du départ de Newte ?

Fanny. — Pour rien...

ACTE III

Entre Ernest, ahuri de les trouver ensemble.

VERNON, *peu aimable*. — Qu'est-ce que vous voulez ?

ERNEST. — Votre Honneur... je... c'est parce que...

FANNY, *gentiment*. — Qu'est-ce qu'il y a, Ernest ?

ERNEST. — C'est Bennett, Milady, qui m'a dit de venir voir « adroitement » ce que tu... ce que Milady faisait...

FANNY. — C'est pas mal comme résultat, jusqu'ici... Et pourquoi cette sollicitude ?

ERNEST. — Ben... n'est-ce pas... on ne savait pas si tu... si Milady était sortie de sa chambre... Milady n'avait pas sonné... alors j'ai dit que peut-être tu... que peut-être Votre Honneur était partie par la fenêtre... Votre Honneur passait souvent par les fenêtres... autrefois...

Fanny rit.

VERNON, *amusé tout de même*. — Ernest, depuis cette époque, votre maîtresse a eu des occasions de découvrir que les portes sont d'un usage plus courant et plus pratique...

FANNY. — Alors ?

ERNEST, *bas à Fanny, se cachant de Vernon*. — Alors Bennett m'a flanqué une gifle. *(Avec une intonation de découverte souriante.)* C'est la première d'aujourd'hui !

FANNY. — Mon pauvre vieux !... Dis donc, où est M. Newte ?

ERNEST. — En bas, Fanny. *(Se reprenant vivement.)* Milady, il mange... qu'est-ce qu'il mange !...

FANNY. — Bon... dis-lui de ne pas partir sans m'avoir vue...

VERNON, *impatienté*. — Laissez-nous...

ERNEST. — Oui... Vos Honneurs...

Ernest sort.

VERNON. — Qu'est-ce que vous lui voulez, à M. Newte, Fanny ?

FANNY. — Des choses à lui dire... Vernon... je regrette ce que j'ai fait hier soir...

VERNON. — Mais, Fanny...

FANNY. — Si... je regrette... quoique, vous savez, ils ne l'avaient pas volé... ça, c'est bien sûr ! Enfin, je me console en pensant que le tort peut être facilement réparé... n'est-ce pas ?

Vernon. — Vous ne vous opposez pas à ce qu'ils restent dans la maison ?

Fanny. — Comment le pourrais-je ? Vernon, nous avons commis une grande erreur... regardons-la en face... ce sera tellement mieux...

Vernon. — Quelle erreur, Fanny ?

Fanny. — Notre mariage.

Vernon. — Fanny...

Fanny. — Et le meilleur moyen de réparer une erreur, c'est de remonter à sa source, n'est-ce pas ?

Vernon. — Nous ne lui avons pas donné une bien longue chance à notre mariage...

Fanny. — C'est vrai... il a tout de suite éclaté en morceaux. J'ai eu beaucoup de peine, cette nuit, Vernon, vous auriez dû le sentir !

Vernon. — Je le sentais, Fanny, moi aussi j'étais malheureux...

Fanny. — Vous m'avez laissée toute seule...

Vernon. — Honoria m'avait dit que votre porte était fermée à clef...

Fanny. — Honoria vous avait dit ?... Vous n'avez pas essayé vous-même de l'ouvrir, cette porte...

Vernon. — C'est que je craignais...

Fanny. — Quoi donc, Vernon ? de la trouver ouverte, peut-être ?...

Vernon. — Ah !...

Il s'assied la tête dans ses mains.

Fanny. — Ce mariage a été une immense erreur... Vous en êtes pour beaucoup responsable...

Vernon. — Moi, Fanny ? Moi qui...

Fanny. — Mais oui... car vous étiez charmant... dangereusement charmant ! Vous paraissiez si neuf, si gai, si vrai dans notre milieu factice... Si vous ne vous étiez pas déclaré tout de suite en ma faveur, je crois que tout le numéro se serait battu pour vous conquérir. Alors, moi... n'est-ce pas ? tout de suite je suis tombée dans la friture...

Vernon. — Dans la friture, Fanny ?

ACTE III

FANNY. — C'est le régisseur des Folies-Bergère qui disait ça... Et quand on a bien envie d'une chose... et qu'on est sur le point de l'obtenir, les scrupules ne parlent pas très haut ! Naturellement, j'aurais dû tout vous dire sur moi-même... Je me suis contentée de vous taire... c'était déjà beaucoup demander à une femme... Ce n'est pas moi qui ai inventé l'évêque... vous savez ?

VERNON. — Je sais... je sais...

FANNY. — Ni le juge !... Ça, c'est du travail à George. Mon tort a été de croire à l'amour d'un homme que ma peu reluisante parenté devait impressionner si fâcheusement... *(Vernon fait la grimace.)* C'est bien naturel... vous avez une grosse situation à sauvegarder... Et surtout, je ne savais pas que vous étiez lord Bantock !... sans ça, vous pensez si je vous aurais tout crié ! Ce n'était pas très réjouissant pour moi de revenir ici, je vous assure... Mon souvenir de Bantock-Hall était celui d'un bagne dont on se serait providentiellement évadé.

VERNON. — J'ai pensé à ceci, Fanny... Comment, avant d'entrer ici, n'avez-vous pas reconnu cet endroit où vous avez été malheureuse ?

FANNY. — Nous sommes arrivés à la nuit... et puis, je ne voyais rien... rien que vous ! Mais si j'avais pu supposer... Ah ! Vernon... j'aurais couru d'un tel pas vers la gare que vous ne m'auriez sans doute pas encore rattrapée... Oh ! ces gens !...

VERNON. — Oui, je me doute bien qu'ils vous ont fait les minutes assez dures...

FANNY. — Ils croyaient faire leur devoir... Bennett est de la race des hommes de devoir... c'est une race terrible ! Mon désir est que vous les repreniez tous... tous les vingt-trois... Comme ça j'aurai l'impression d'avoir fait dans votre vie le moins de changements possibles. Vous n'associerez pas mon souvenir à des bouleversements et je ne serai bientôt pour vous qu'une petite erreur reconnue à temps et réparée... Et vous vous marierez à nouveau... cette fois avec quelqu'un de votre monde, de votre rang... Ce sera un mariage sans erreur, un mariage sensé...

VERNON. — Avez-vous fini de parler ?

FANNY. — Oui, je crois que j'ai tout dit.

VERNON. — Alors peut-être me laisserez-vous placer un mot...

Vous me jugez très snob ? Je le suis… c'est un fait…

Fanny, *doucement*. — Non, Vernon… ce n'est pas juste ! Si vous l'étiez, vous n'auriez pas épousé une chanteuse…

Vernon. — Nièce d'un évêque !

Fanny. — Une girl de music-hall !

Vernon. — Cousine d'un juge ! Que je l'aie cru ou non, cela ne change rien ! Un mensonge que l'on peut imposer aux autres sans danger est aussi beau qu'une éclatante vérité pour un snob… Si, si… je vous assure… C'est au point que si George m'avait dit que votre oncle était mon maître d'hôtel…

Fanny. — Eh bien ?

Vernon. — Eh bien, j'aurais hésité ! C'est là que l'erreur a commencé… Il faut repartir de là… je crois… Asseyez-vous, Fanny…

Fanny. — Mais, Vernon…

Vernon. — Vous ne voulez pas vous asseoir ? *(Fanny s'assied. Un temps.)* Je veux que vous restiez. Je veux que vous soyez ma femme. Je demande à la nièce de mon maître d'hôtel de me faire l'honneur d'être ma femme.

Fanny. — C'est beaucoup de bonté !

Vernon, *sans galanterie*. — Je ne pense pas à vous… je pense à moi-même. J'ai besoin de vous. Je ne peux pas me passer de vous… Ce n'est pas un droit que je fais valoir… Je vous sais en mesure de gagner votre vie… Newte me faisait à l'instant un tableau doré de votre avenir…

Fanny. — Celui-là !…

Vernon. — Mais vous ne serez à aucun autre… Cela, je l'ai bien résolu… Vous resterez lady Bantock aussi longtemps que je vivrai…

Il est devenu tout à fait farouche.

Fanny, *qui a bien envie de sourire*. — Ça n'arrange rien, vous savez…

Vernon. — Si, vous ne serez à aucun autre… Ça m'arrange, moi !

Fanny. — Avez-vous réfléchi, Vernon ?

Vernon. — J'ai réfléchi à ceci : *je vous garde.*

Fanny. — Avez-vous pensé à tout ?

Vernon. — J'ai pensé que j'allais vous perdre... Croyez-vous que je vais pouvoir continuer à vivre ma vie heureuse de jeune lord ? C'est tout ce que j'ai connu de beau au monde que vous emporteriez avec vous... Et ce Newte qui croyait qu'il allait emmener son étoile... Ah ! mais non... elle m'appartient... elle m'appartient par contrat ! Comment dites-vous ?... privilège exclusif... voilà.

Fanny. — Mais... Vernon... est-ce que vous vous occupez de moi... de mon bonheur ?

Vernon. — Pas du tout... pas une seconde... Je vous aime bien trop pour que vous ne soyez pas heureuse quand je serai heureux... Et puis, j'ai eu trop mal, cette nuit. Fanny, je me suis battu avec moi-même... C'était un vilain match... avec un adversaire déloyal... Je n'en suis pas fier, ma petite fille... Il y a cinq minutes... le résultat en était encore incertain... mais quand je vous ai vu paraître là, avec votre petit sac en peau de grenouille...

Fanny. — De lézard... Vernon !

Vernon. — Oui... de lézard... et votre air de départ... j'ai senti que ces petits poings légers mettaient knock-out l'adversaire déloyal... Je ne veux pas voir partir ce petit sac en peau de crocodile...

Fanny. — De lézard...

Vernon. — Oui... de lézard... ça n'a aucune importance...

Fanny, *taquine.* — Si ce n'est que ça... Vernon... je peux vous le laisser... mon petit sac en peau de...

Elle le dépose sur les genoux de Vernon.

Vernon, *riant, la prend dans ses bras.* — Oh ! la mauvaise !

Fanny. — Mais il va falloir tout avouer à vos amis... à ceux de votre monde... Ne sera-ce pas trop pénible ?

Vernon. — De toutes manières, il faudra qu'ils apprennent toute l'histoire. Alors, comprenez-vous, tant que vous serez là, j'aurai une réponse, la plus belle de toutes, à faire à ceux qui s'étonneront.

Fanny, *coquette.* — Une réponse, Vernon ?

Vernon, *splendide.* — Je leur dirai : « Voici Fanny. Regardez-la. Et dites encore que vous ne me comprenez pas ! »

Fanny. — C'est vrai, Vernon, c'est bien vrai ?

Vernon. — Chérie !...

Ils sont dans les bras l'un de l'autre.

FANNY. — Savez-vous, Vernon, à quoi je pense ? Notre mariage, c'est un mariage de France, c'est un mariage de Paris ! Vous ne connaissez pas bien Paris !

VERNON. — Trois fois j'ai traversé, Fan...

FANNY. — Ce n'est pas de ce Paris-là que je veux parler... ça, c'est le Paris des étrangers... Ils en ont un autre là-bas... qu'ils gardent pour eux... J'ai appris à le connaître... je l'ai surtout connu quand je vous ai connu... Nous irons ensemble... Je vous ferai comprendre... Paris donne des conseils enivrants, capiteux comme du champagne ! Il y a là-bas une petite voix très douce qui murmure sans cesse : « Cueillez l'heure... profitez de cet instant qui passe... la vie est courte... le plaisir fuit... » C'est une petite voix qu'on n'oublie pas quand on l'a une fois entendue...

VERNON. — Pourquoi s'est-elle tue toute cette nuit, Fanny, la petite voix ?

FANNY. — Parce que toute cette nuit ma porte est restée fermée, Vernon. Cette petite voix que nous avons emportée avec nous, dans nos bagages, exige que nous soyons réunis pour bien se faire entendre de nous.

VERNON. — Et qu'est-ce qu'elle dit, Fanny, cette petite voix ? J'ai oublié...

FANNY. — Elle dit : « Cueillons l'heure », mon chéri.

VERNON, *l'embrassant sur les lèvres.* — Cueillons l'heure !...

Bennett entre, portant le déjeuner pour deux personnes. Il le pose sur la table. Fanny va à lui.

FANNY. — Ah ! Bonjour, Bennett. *(Elle va l'embrasser. Bennett est abasourdi.)* Mon oncle, lord Bantock a une requête à vous présenter. Il désire que je reste ici comme sa femme. Je suis résolue à le faire, à la condition que vous y donnerez votre consentement.

VERNON. — C'est juste, Bennett, j'aurais dû vous le demander plus tôt. Excusez-moi. Voulez-vous consentir à mon mariage avec votre nièce ?

FANNY, *interrompant Bennett qui va répondre.* — Vous comprenez bien ce que cela signifie : à partir du moment où vous aurez donné votre consentement, si vous le donnez, je serai lady Bantock, votre maîtresse, votre maîtresse à tous !

BENNETT. — C'est-à-dire, Fanny, que si cela devait signifier autre chose, je ne consentirais jamais à un tel mariage. *(Il prend un temps.)* Ma chère Fanny... Mon cher Vernon... je parle pour la première et dernière fois en qualité de votre oncle. Je suis un personnage imbu de théories d'un autre âge, et mes idées, on me l'a souvent dit, sont plutôt celles de la classe que je sers que celles de la classe à laquelle j'appartiens, — l'observation et l'expérience m'ont enseigné qu'un des meilleurs éléments pour réussir en toutes branches est d'être absolument digne de la situation qu'on occupe... Hier, dans votre intérêt à tous deux, j'aurais refusé ce consentement que vous me demandez... Aujourd'hui, je vous le donne.

FANNY. — J'ai donc bien changé, mon oncle ?

BENNETT. — Vous vous êtes révélée, Fanny. Vous vous êtes montrée capable de commander ! C'est seulement alors qu'un être humain mérite d'être servi ! Il fallait comprendre cela. Aujourd'hui, vous l'avez compris. Je sais maintenant que je donne à lord Bantock une femme qui est digne à tous égards de sa haute position. *(Il embrasse Fanny. Vernon lui serre la main. Et, d'un coup, il redevient maître d'hôtel. Il retourne à la table.)* Le déjeuner de Leurs Honneurs est servi.

Vernon et Fanny prennent place à table. Fanny enlève son chapeau. Bennett enlève les couvercles.

RIDEAU

ISBN : 978-3-96787-595-9

www.ingramcontent.com/pod-product-compliance
Lightning Source LLC
LaVergne TN
LVHW090037080526
838202LV00046B/3853